能楽金剛流の歴史と四季の能

金剛龍謹

淡交社

はじめに

金剛流若宗家　金剛　龍謹

能の世界には五つの流儀があります。観世《かんぜ》流・宝生《ほうしょう》流・金春《こんぱる》流・喜多《きた》流、そして私が所属する金剛《こんごう》流です。この能の五流派はそのルーツを室町時代の大和猿楽四座《やまとさるがくよざ》に持ち、約二五〇番の能の古典の演目を演じることを目的とする点は共通しますが、その演じ方や舞台についての考え方には流儀ごとの個性が見られます。たとえば流儀ごとに少しずつ上演する演目が異なること、また同じ演目であっても謡《うたい》の詞章《ししょう》や節付け、舞の型、演出、舞台で用いる能面・能装束の種類など、その違いを知ることも能鑑賞の楽しみのひとつでしょう。

本書を執筆するにあたっては、２０１８年の裏千家の月刊茶道誌『淡交』での一年間の連載がベースになっております。毎月一曲ずつ季節ごとの演目紹介をさせていただく中で、演目ごとのテーマや見どころのみならず、その能をご鑑賞いただくにあたって必要な予備知識はなにか、また今までの舞台生活で感じたことなどを見直し文章として整理したことは、私にとってあらためて能の魅力、能楽師として歩んでいく意義を再認識する機会となりました。

その後、淡交社さまより連載をもとにした書籍出版のお話をいただき、原稿を追記していくにつれて浮かんできた問題は、この本は何をお伝えすることを目的とした本とすべきかでした。最初は能の基本的な知識を記述した本とさせていただこうかと思いましたが、能の入門書はすでに数多く出版されておりますし、また私などよりはるかに幅広い知識を持った方々が今後もそういった種類の書籍を出版されるであろうと思い、少し方向性を変えて能の魅力、金剛流の魅力を皆さまにお伝えしたいと考えました。

私がこれまで金剛流の能楽師として舞台生活を送ってきた中で、金剛流の能には多くの魅力があることを感じております。「舞金剛」とよばれる優美さと豪快さを併せ持った舞、また京都という土地に拠点を置く中で育まれた芸風、流儀の所蔵面の見事さなど、たくさんの華やかな魅力にあふれておりますが、何分にも決して大きくない流儀のことですのでその魅力はなかなか広く知られることなくあるように思います。本書を通して金剛流の能の知られざる魅力の一部を皆さまにお伝えすることができ、またより多くの皆さまに能に興味を持っていただく一助となればこの上なく幸いに存じます。

目次

本書は、月刊茶道誌『淡交』での連載「茶人の嗜み 能を学ぶ」（2018年新年号〜十二月号）をもとに、大幅に加筆修正を加えたものです。

編集協力
安藤寿和子（第一章　能の歴史と金剛流の歴史）

掲載写真撮影者一覧
上杉　遥　七、四一、四八、五二、五九、六一、六六、六七、七二、七六、七七、七八、七九、八二、八三、八八、一二三、一七六、一八〇、カバー表（上）
今駒清則　六三
前島吉裕　一三六
三田一季　五三、六〇、六二、六四、七〇、七一、七三、七四、八五、八六、一〇四、一〇九、カバー表（下）、カバー裏、カバー袖

＊所蔵名の記載のない能面・能装束・能道具はすべて金剛家、もしくは金剛能楽堂財団の所蔵物です。

協力
日本芸術振興会（国立能楽堂）
公益社団法人 能楽協会
檜書店
三井記念美術館
公益財団法人 金剛能楽堂財団

第一章
能の歴史と金剛流の歴史

――能の歴史
その芽生えから明治期まで

萌芽の時代

奈良時代、雅楽に代表される様々な芸能が大陸より日本に伝来し、その中のひとつに「散楽《さんがく》」と呼ばれるものがありました。この散楽が能楽のルーツとされる芸能であり、特徴は物真似や曲芸、幻術などを主体とした、いわば雑芸であったようです。当初、散楽は朝廷の機関である散楽戸において技術伝承がなされていましたが、延暦元年（782）の散楽戸の廃止（『続日本紀』）に伴い、次第に宮中での散楽は衰微し、役者たちの活動は寺社の祭礼や旅巡業など民間の場へ移っていきます。この散楽という言葉が訛《なま》って「猿楽」という言葉ができたとされ、能は明治時代まで「猿楽（申楽）」「猿楽の能」もしくは単に「能」と呼ばれることになります。「能」とは本来は「猿楽の能」「田楽の能」などといった形で「劇」を意味する言葉として用いられておりました。そして猿楽の隆盛につれて現在のように単一の芸能を指す言葉へと変化しました。

やがて農村の農耕儀礼から発生した田楽《でんがく》、法会の際に僧侶によって娯楽的に演じられていた延《えん》年《ねん》など様々な芸能が相互に影響しあい、鎌倉中期ごろには劇形態の芸能としての猿楽の原形が誕生したとされます。この時代には大和・近江・丹波・摂津・伊勢など各地に猿楽の座が散在し、それぞれにしのぎを削っていました。中でも鬼の演技を得意とし興福寺や春日大社に出仕した大和猿楽四座、延暦寺や日吉大社に出仕し情緒的に洗練された芸風で評価を得ていた近江猿楽六座が二大勢力であったとされます。時あたかも、世阿弥が足利義満の目に留まる「今熊野勧進猿楽」より、百年ほど前。このあたりが、現在の能楽へと至る歴史における萌芽の時代であると言えます。

世阿弥の功績と悲劇

南北朝期、大和猿楽四座のひとつである結崎《ゆうざき》座より現れた観阿弥・世阿弥親子によって猿楽は大成されます。現在の京都市東山区に所在する新熊野《いまくまの》神社における、応安7年（1374）の「今熊野勧進猿楽」は能楽史において極めて大きな意味を持つ出来事でした。観阿弥がいまだ12歳の可憐な少年であった世阿弥を伴って催した猿楽を足利三代将軍義満が見物し、この舞台を契機に世阿弥は義満の寵愛を得、以後観阿弥父子は足利将軍家の絶大な庇護を受けることとなります。稀代の天才役者である世阿弥は時の権力者の後援を得ることで、能に大いなる芸術的洗練をもた

『職人尽歌合』田楽と猿楽
（国立国会図書館デジタルコレクション）

らすのです。ただ一方で、義満が世阿弥を寵愛し多大な支援を行ったことと、世間の風潮との間には大きな隔たりがあったことも事実です。当時の公卿三条公忠の日記である『後愚昧記』では、義満と世阿弥の関係に触れたうえで、猿楽を「乞食之所業」と断じており、こうした記録に代表されるように猿楽役者は被差別階級に存在していたと言えます。

そして義満没後は世阿弥の名声にも次第に陰りが見られるようになります。足利四代将軍義持は、自身の生母である藤原慶子の忌中に父義満が酒宴をひらき大酒をしたことから義満とは不仲になったとされており、その反発心から父の政治方針を否定する政策をとることが少なくありませんでした。芸能面でもその傾向は見られ、父の寵愛した世阿弥に対して義持は冷淡であり、田楽の名手である増阿弥を贔屓にしていたようです。義持の死後、世阿弥への冷遇はより顕著になります。義持の子である第五代将軍義量が早逝した後、嗣子がなかったためくじ引きの神意にて将軍を決めるという異例の事態となりました。その結果、石清水八幡宮の神託によって選ばれたのが、義持の弟のひとりであり出家して義円と名乗っていた第六代将軍足利義教です。この時期、世阿弥元雅親子と世阿弥の甥である音阿弥との間には深い確執が生じていました。将軍義教は音阿弥を後援し、世阿弥親子を事あるごとに弾圧します。世阿弥の次男元能は座の行く末を悲嘆したためか出家し、後継者である長男元雅は客死、自身も義教によって佐渡に流され、世阿弥の晩年には義満存命中の輝かしい栄光は見る影もありません。

足利義教《よしのり》の最期と応仁の乱

世阿弥を佐渡へ配流した義教は、些細な理由で厳しい処罰を行う苛烈な性格の持ち主とされ、その恐怖政治は「万人恐怖」と称され恐れられていました。守護大名の家督相続に介入し支配力を強め、自身の意に沿わぬ大名を暗殺するなどといった義教の強権的行為への大きな不満が守護大名の間に高まっていきます。このような情勢のなか義教への猜疑心を強めた播磨・備前・美作《みまさか》の守護大名である赤松満祐《みつすけ》は、西洞院二条の自邸に義教を招き暗殺を決行、折しも義教の贔屓役者である音阿弥の演じる《鵜羽《うのは》》の能を鑑賞している最中の暗殺決行であり、この不吉な前例により江戸期に入って後、徳川将軍家によって《鵜羽》は禁曲とされ長らく上演が途絶えることとなります。ともかくも守護大名によってあっさりと将軍が暗殺されてしまったこの「嘉吉《かきつ》の乱」(1441)により足利将軍家の権威は失墜し、ついには有力守護大名同士の対立、将軍家の跡目争いが絡み合うことで、戦国乱世の引き金となる「応仁の乱」(1467~1477)の勃発に至るのです。応仁の乱によって寺社や将軍家の後援を受けられなくなった能役者たちは守護大名との結びつきを深めていきます。時の有力者の庇護を得ることは当時の役者にとってまさに自身の生涯、また一座の浮沈にかかわる重要な問題であったのです。

秀吉の時代

桃山期、天下人である豊臣秀吉は晩年、能に傾倒し、金春流《こんぱる》を贔屓としました。秀吉が後の能界へ与えた影響は大きく、そのひとつに猿楽の大和四座への統一があげられます。近江猿楽、丹波猿楽など室町期に点在した各地の座は戦国乱世の荒廃を経て消滅、弱体化しており、これらの座を大和四座に統合する形で猿楽の再編を計ったのが秀吉です。扶持米の大和四座への継続的な支給制度も作られ、後の徳川時代にも引き継がれました。能楽の流儀の原形が秀吉によって形作られ現代に至っています。秀吉のもうひとつの恩恵は、興福寺の薪御能と春日若宮祭能の復興があります。南都のこの両神事能は、鎌倉期より大和四座によって参勤されてきた大和猿楽にとっての根幹というべき祭事でしたが、応仁の乱以後は両寺社の勢力低下、役者の地方下向によって廃絶に近い状態にありました。興福寺多聞院の長実房英俊《ちょうじつぼうえいしゅん》院主らの『多聞院日記』に「金春・金剛申事四十余年先ノ事也。其以来四座揃事全無之。」と見え、天文13年（１５４４）の鼻金剛（二二頁）と金春岌蓮《ぎゅうれん》による春日若宮の席次争いより40年間、四座揃っての参勤は絶えておりましたが、秀吉の支援により両神事能は往時のように四座の参勤によって執り行われるようになりました。

能舞台の構造においては舞台と楽屋を結ぶ橋掛りが定着し、また能面の主だった種類が完成するなど、桃山期は現在の能の原形がほぼ形作られた時代とされます。体系が定まっていく中で能が古典化しつつあった時代とも言えるでしょう。

江戸期、式楽としての能と禁裏《きんり》御用

徳川家康が豊臣家を滅ぼしたことにより、天下は統一され江戸時代という260年の泰平の時代を迎えます。江戸初期に喜多七大夫（二五頁）によって創立された喜多流を加え、四座一流と定まった猿楽は幕府の式楽となり、幕藩体制の中に組み込まれた芸能となります。

この時代、四座一流の能役者たちは幕府・諸藩に召し抱えられることによる安定を得たと同時に、体制による監視下のもと、新たな演目を作曲するなどの創作活動や興行が制限され、世襲制による縛りが強化されるなどして、自由な発展性が閉ざされたとも言えます。そうした状況下において、能役者たちの意識は内へ内へと技を深化させていく方へと向かいます。各流派内で「小《こ》書《がき》」という特殊演出を生み出し、定まった曲の中に独自の創意工夫を加え、作品の洗練度、完成度を高めていきました。中でも、江戸中期の観世大夫・観世元章《もとあきら》（十五世）はその最たるもので、例えば《養老 水波之伝《すいはのでん》》など今も再演が重ねられ、色褪せない素晴らしい小書が多く残ります。

こうした技術深化の傾向は「面《おもて》」にも見られ、大野出目《でめ》家・越前出目家・近江井関家といった、代々の世襲面打ち家の中でもとりわけ優れた技術の持ち主が洗練度の高い面を打ち、将軍家や大名家に重用されます。室町期において能の演目が新たに作り出されるに伴い、生み出された能面の創作期の生命力は失われつつも、江戸期には能が演劇として進化していくことに適合するように、能面制作の技術も洗練されていくのです。また江戸期の特徴として、「謡本《うたいぼん》」の普及につれ、詞章を楽しむ「謡」が広まり、上層町人の間では「謡講《うたいこう》」などの楽しみも広がっていきます。

明治期、維新で迎える最大の危機

歴史上、能楽の危機は応仁の乱、明治維新、第二次世界大戦の三度あったと言われます。中でも明治維新は能楽の存亡にかかわる大打撃で、幕府や藩からの扶持が絶たれた経済的困窮から多くの能役者が廃業。同時に大名家、各流の能の家から、能面をはじめ、数多の名物、名品が海外へと流出し、貴重な伝来品を失う事態ともなります。

戊辰《ぼしん》戦争後、幕府お抱えの能役者たちは大きな選択を迫られました。新政府に仕える朝臣となるか、幕府に対する恩義から御暇を願い出るか。早々に朝臣願いを出す者もいれば、能役者の道を辞して様々な職に就く者、一時は御暇を願い出ながら朝臣に転じた者も少なくなかったようで、その混乱ぶりがうかがえます。江戸期においては観世大夫が常に四座一流筆頭の立場にありましたが、明治維新時の観世大夫である観世清孝は、恩義ある将軍家に殉ずる覚悟を持って徳川慶喜に伴い静岡へ移住していたため、観世流以外の中で最年長の大夫であった金剛唯一（二九頁）がその位置についたとされます。

そのような維新後の混乱で演能が完全に途絶えていた中、いち早く演能の再開に乗り出したのは、金剛唯一と後に明治の三名人に数えられる観世流の梅若実でした。明治元年末には唯一の自宅である麻布飯倉の能舞台において金剛流の能が催されたことを見物したアーネスト・サトウが記録しています。明治政府の首脳である岩倉具視《ともみ》は、欧米視察の経験から外国高官饗応のための芸能として能楽を振興する必要性を痛感していました。衰微した能狂言保護のための「能楽社」設立（能楽という言葉の起こり）、従来は屋外にあった能舞台をはじめて屋内に入れた芝能楽堂の建設など、能楽は日本固有の芸能としての立場を強固にして復興を果たしたのです。その後、大正、昭和にかけ能楽隆盛の時を迎えるも、関東大震災や第二次世界大戦で多くの能楽堂、能面・能装束が失われるといった様々な困難、曲折を経ながら能楽は、昭和32年（1957）には我が国を代表する伝統芸能として重要無形文化財に認定されます。また平成20年（2008）にはユネスコの世界無形文化遺産としてその価値を国際的に認められる栄にも浴しますが、そこに至るには、数々の時流の変化に翻弄されながらも、芸の存続、継承に命を削った数多の先人の克己努力、献身があったのです。

金剛流の歴史

流儀の起源と歴代大夫

　ここで金剛流という流儀の起源について述べたいと思います。金剛流は奈良に興《おこ》った大和猿楽《さるがく》四座《よざ》のうちの一座を源流とし、奈良の坂戸《さかと》郷の地において活動していたことから、世阿弥時代、またそれ以前には坂戸座と呼ばれていました。坂戸郷は法隆寺の西方に位置する一帯の地域を指し、その地理関係から坂戸座は法隆寺に勤仕する猿楽座として成立しました。大刹である法隆寺を中心に、大和国と河内国（大阪府）とを結ぶ交通の要衝として当時この坂戸郷は栄えており、この地に猿楽の座が生まれたことは役者の経済基盤の面から考えても自然な流れであったと言えるでしょう。現在、法隆寺にほど近い斑鳩《いかるが》町の龍田神社には金剛流発祥の地として顕彰碑が建てられております。

　坂戸郷における猿楽の起こりは明らかにされておりませんが、能勢

「金剛流発祥之地」顕彰碑
二十五世 二世巌が出席した除幕式

朝次著『能楽源流考』によれば、寛元元年（1243）に郷民の猿楽が行われたこと、元応2年（1320）の法隆寺六月會において坂戸袈裟《けさ》大夫なる役者が田楽《でんがく》の代勤として猿楽を勤めたことなど、法隆寺所蔵文献に複数の記述が見られることから、鎌倉初期あたりには坂戸の猿楽座は存在していたのではと推測を立てられております。金剛家の系図では鎌倉末期から南北朝期にかけて活動した坂戸孫太郎氏勝（弘安3年～貞和4年、1280～1348）を流祖とし猿楽の家としての起源を定めていますが、孫太郎氏勝が生まれる以前から坂戸の郷民たちの間では猿楽が営まれており、後に金剛座と名の改まる一座が精力的に活動するための下地は十分に醸成されていたことが想像できます。

金剛流の歴史については、流祖とされる坂戸孫太郎氏勝から当代二十六世宗家金剛永謹《ひさのり》まで、当流を代表する金剛大夫の解説を以て、その流れを追ってみたいと思います。七百年を超える歴史の中には、資料の詳らかでない時代、不明な部分も少なからずありますが、流儀の祖となる坂戸金剛の流れ、そして私どもの直接の祖先である野村金剛のルーツ、さらにその合流の経緯など、主だった大夫の人物像や逸話、時代背景とともにご紹介していきましょう。

系図（坂戸金剛家＋野村金剛家）

坂戸金剛家

- 流祖 坂戸孫太郎氏勝（1281〜1348）
- 初世 孫太郎氏明　立善
- 二世 孫太郎氏永　定寛
- 三世 三郎正勝　得生
- 四世 四郎勝康　善岳
- 五世 金剛三郎正明（1449〜1529）　金剛と改姓　養子（三世正勝子）　善覚
- 六世 四郎正清　次郎三郎・光円
- 七世 兵衛尉氏正（1507〜76）　養子（甥）　三郎・新六・宗説
  - 八世 孫太郎久次　春森・新太郎・勝与　浄香
  - 四郎左衛門勝吉　宝生宗家六世継承
- 九世 又兵衛康季（1554〜97）　養子（七世氏正甥）　もと金剛座ワキ方　道公
  - 弥一（?〜1605）　丹波猿楽日吉座出自
    - 七大夫長能（1586〜1653）　養子　金剛三郎　喜多七大夫長能　（古七大夫）
  - 一〇世 右京勝吉　養子（八世久次子）　四郎・弥市郎・道本
- 一一世 三郎勝久　孫太郎・一夢
- 一二世 右京頼勝　養子（弥一子）　孫次郎・二郎四郎　浄生
- 一三世 右京吉勝　孫太郎　浄入
- 一四世 右近縁勝　養子（一二世頼勝子）　孫次郎・景頼・誓頓
  - 五郎四郎
  - 一五世 又兵衛長頼（1662〜1700）　主殿勝長　源覚
- 一六世 右京久明　又三郎　新六（新六郎とも）　暫夢（誓夢とも）
- 一七世 弥市郎久則　養子（一五世勝長子）　寿楽
- 一八世 三郎氏福　養子（竹村氏子）　喜内・性善

一九世 右近氏但　養子（一七世久則子）又兵衛 道一
- 源五郎　宝生宗家一二世継承（九郎友通）
- 二〇世 三郎氏栄　熊之助 道味
  - 二一世 唯一　熊蔵（右近氏成）（1815〜84）
    - 二二世 泰一郎　鈴之助（兵衛氏善）（1849〜87）
      - 二三世 右京氏慧　鈴之助（断絶）（1872〜1936）
  - 一二郎氏重　市次郎

野村金剛家

野村利兵衛信吉　宗古（1573〜1637）
— 茂左衛門信家
— 八郎兵衛信茂
— 八郎兵衛続資
— 八郎兵衛清房
— 八郎兵衛式守　養子
- 八郎兵衛至盛　養子（巽氏子）
- 三次郎直寛　養子（至盛弟）（1808〜70）
  — 金剛禎之助直勝　養子（小出勝興三男）金剛と改姓（1829〜65）
  — 謹之輔直喜　妻は三次郎直寛次女まつ 扇之助（1854〜1923）
  — 二四世 初世 巌　坂戸金剛二三世右京没後宗家継承（1886〜1951）
  — 二五世 二世 巌　滋夫（1924〜98）
  — 二六世 永謹（1951〜）

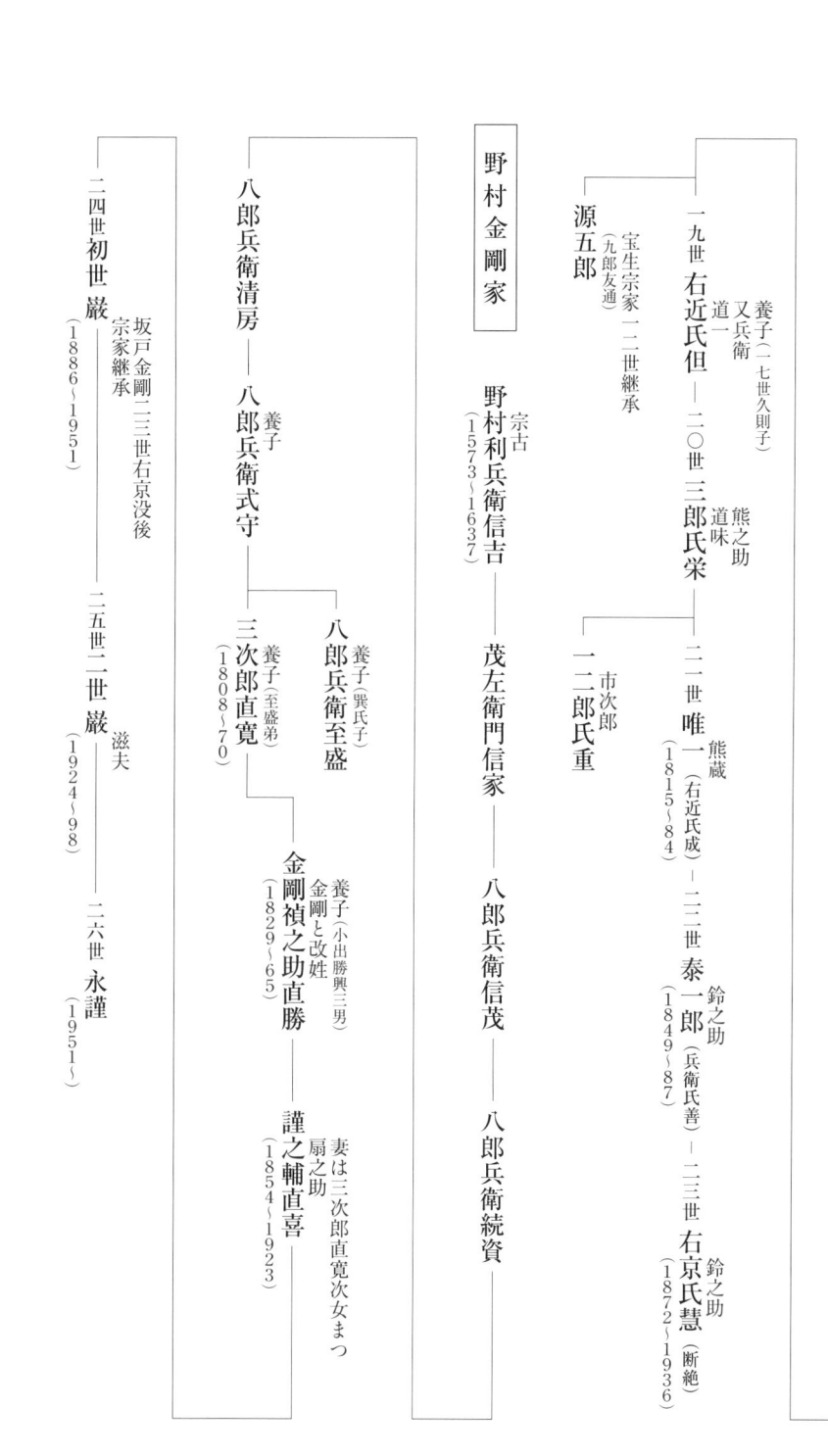

主だった金剛大夫の系譜

坂戸金剛家

【流祖】坂戸孫太郎氏勝　弘安3年〜貞和4年（1280〜1348）
鎌倉末期から南北朝にかけて活動。それまでに散見される坂戸座の猿楽役者と一線を画し、猿楽を専らとする家の祖として系図に記録される人物。

【五世】金剛三郎正明（善覚（岳）正明）　**宝徳元年〜享禄2年**（1449〜1529）
室町幕府八代将軍 足利義政公の時代、大和国金剛山（現在の奈良県と大阪府の県境の山）に登り出家したが、後に法体のまま坂戸座に戻り家業を継ぎ善覚と称した。このことから周囲からは金剛房と呼ばれ、やがてこれを姓として用いるようになったと言われる。大和猿楽四座は、古くは結崎《ゆうざき》座・外山《とび》座・円満井《えんまい》座・坂戸座の名称で世に知られていたが、結崎座が観世座、外山座が宝生《ほうしょう》座、円満井座が金春《こんぱる》座、坂戸座が金剛座とそれぞれの名が後に改まる。

龍謹雑録　『申楽談儀《さるがくだんぎ》』に見える最古の記述

能の大成者である世阿弥元清は、現代の能楽史において知らぬ人のない能役者ですが、その名は能楽史を通じて高名であり続けたわけではなく、伝説上の人物としてその存在を疑問視された時期もありました。世阿弥についての研究が大きく進んだのは明治42年（1909）、歴史・地理学者である吉田東伍博士によって『風姿花伝』『申楽談儀』などの世阿弥伝書がまとめられた『世阿弥十六部集』の出版が契機となりました。観世家の門外不出の伝書として伝来されたことでこれらの世阿弥資料についてはその存在を知られていませんでしたが、吉田東伍博士の研究・発表により観阿弥・世阿弥の功績が世に知られることとなったのです。

善覚正明が金剛姓の名乗りはじめとのことは金剛家の系図に記されており、長らくこの説が金剛姓の起源として認識されておりました。しかし明治末、世阿弥の芸談を次男元能が筆録した『申楽談儀』の記述から新たな見解が見つかります。『申楽談儀』は観世家をはじめ、ごく一部の家に伝わる家伝書として、その内容について外部の人間が知ることは久しくありませんでしたが、「金剛は松・竹とて二人、かまくらより上りし者なり。名字なし。なほ尋ねて記しおくべし。」と見える記述は、文章をそのまま読み取れば、「鎌倉より来た松、竹という猿楽役者が、世阿弥よりそれほど遡らぬ時代に坂戸郷において活動した」、と考えられるかと思います。またその他にも、観阿弥と同時期に活躍した金剛権守《ごんのかみ》なる役者を取り上げ「嵩《かさ》ありし為手《して》」と評しており、これらの記述は世阿弥時代にはすでに金剛という名で通った役者が存在したことを示すものです。現在ではこの『申楽談儀』の記述が金剛の名が能楽史に登場する最古の記録として扱われておりますが、その詳細についてはいまだ不明であり今後のさらなる研究が期待されます。私の個人的見解としては、往時を生きた世阿弥の談としての記述は、やはり系図に増して重視したいところです。

【七世】金剛兵衛尉氏正（鼻金剛）　**永正4〜天正4年（1507〜1576）**

「鼻金剛」の異名で知られる氏正は「器量比類無」「近代ノ上手也」と評され、室町末期において目ざましい活躍を見せた金剛流中興の祖とされる人物。その演能記録は近畿圏のみならず甲斐（山梨県）の武田家など幅広い地域に及び、猿楽の役者として精力的な活動をしていたことがうかがえる。江戸初期までの役者に関する資料『四座役者目録』に、「鼻金剛ト云ハ、異名也。瘡気ニテ、鼻常ニハレ、其上鼻聲ニ有ニヨリ、鼻金剛ト云也。大ナル男ノ、手ナドニ毛多ク、熊ノ手ノ様成人ト也。」とあり、その風貌の豪快さがありありと目に浮かぶような記述も残る。壮年期の氏正の芸は、長刀《なぎなた》の扱いの鮮やかさなどの世評から技のキレで世の注目を集めていたことがうかがえ、晩年に至っては老練な芸を持つ役者として高い評価を得た。また《調伏曾我《ちょうぶくそが》》演能に際して、不動尊像の顔面を切り出して面として舞台で用いたところ、終演後に顔から取れなくなったという「肉付き不動ノ面」の伝説など、多くの逸話に彩られる人物。

龍謹雑録　室町期を代表する能役者、金剛兵衛尉氏正

氏正は豪胆な人物というイメージで語られることが多いのですが、その印象を決定づけたのが「春日若宮祭能での席次争い」でしょう。春日若宮おん祭の神事に奉仕することは古来、大和猿楽の重要な職務であり、特に金春座《こんぱる》が中心となって執り行われておりましたが、春日若宮祭能での影向《ようごう》の松の下において床几《しょうぎ》の席順を巡って当時の金春大夫である岌蓮《ぎゅうれん》と天文10年（1541）、13年と二度にわたって諍《いさか》いを起こした記録があります。特に二度目には氏正が脇差しに手をかけ刃傷沙汰に及びそうなほどの勢いになり、収拾がつかないため春日神前においてクジを引いて席次を決めることとなりました。クジは氏正が引き当てたのですが岌蓮はなお引かず、このことが春日の神慮に背いたとして衆徒の怒りを買い、岌蓮は財産没収、大和を脱して山城に移るといった事件に発展します。この諍いの原因については定かではありませんが、応仁の乱後の当時、京の都を中心とした近畿圏は戦の爪痕が深く、地方の有力者を頼って避難する能役者は少なくありませんでした。岌蓮の祖父禅鳳《ぜんぽう》、父氏照《うじてる》も、中国地方の大大名である大内氏を頼って本拠である大和を一時離れるなど、畿内の能役者の間には様々な混乱が生じていたことも一因となったのでしょうか。岌蓮にしてみれば、古来の慣例として春日若宮祭能での首席は金春座であり大いに憤りを感じたことでしょうが、戦国の混乱期においては能役者もしたたかさが求められたのでしょう。氏正は室町末期の戦乱の世において一座を力強く牽引した大夫であったと思われます。もう

ひとつ特筆すべき功績に、氏正の没年である70歳のとき、当時長らく上演の途絶えていた能の最奥の秘曲である《関寺小町》を復曲したことがあります。さすがに老齢のため、その舞台途中に柱にもたれて座り込んでしまったという逸話も残っていますが、これが現在の老女物の演目の中に見られる休息の演出の起源と思うのは考えすぎでしょうか。

【九世】金剛又兵衛康季（初代又兵衛）　**天文23年〜慶長2年**（1554〜1597）

鼻金剛 兵衛尉氏正の甥と伝わる初代又兵衛は、次代に続く弥一とともに、金剛流と豊臣秀次との関係の深さを物語る大夫とされる。小牧長久手の合戦で三好秀次（後の豊臣秀次）に従軍、敗走する秀次の供をして討ち死に、と記された資料もあるようだが、付き従うも、どうやら討ち死にはせず、「秀次関白殿　又兵衛ニ御懇ニテ　金剛大夫ニ御ナシ候」と『四座役者目録』「金剛太夫代々之次第」にもあるように、秀次の取りなしにより金剛大夫となった、と見られている。

金剛弥一　?〜慶長10年（?〜1605）

これまで金剛家の系譜には列せられなかった人物ながら、近年、『兼見卿記《かねみきょうき》』天正15年（1587）3月8日の条に「日吉弥一、近日金カウ大夫ニ成」との記録の発見から、又兵衛康季没後、彼と同じく秀次の引き立てにより金剛大夫となったことが判明。金剛座ワキ方、高安家から出た資料にも、それを裏付ける記述が見つかっている。文書に「日吉弥一」あるいは「愛宕之弥一」と記されるように、弥一はもともと丹波の日吉猿楽の役者であったようで、そうした人物が大和猿楽の金剛座の大夫を継ぐことは異例である。秀次がそれをおして次の大夫の座に据えたが、金剛大夫歴代の系図にはその名が記されておらず、金剛座内でこの継承がどのように捉えられていたかは定かではない。

金剛七大夫長能《おさよし》（古七大夫）　天正14年～承応2年（1586～1653）

金剛弥一の養子で幼名を金剛七ツ大夫、その名は7歳で見事に能を勤めたことに由来するという。元服後、金剛三郎と改め、慶長10年（1605）、20歳の頃より金剛大夫となる。大坂の陣に豊臣方として加わって戦い、豊臣家の滅亡とともに逼塞《ひっそく》するが、後に許され、元和5年（1619）、34歳より金剛七大夫の名で記録に現れる。しかし翌年には金剛座を離れ、以後、徳川秀忠、家光の庇護を受け、北七大夫としての活躍が始まる。江戸期に入って、大和四座に加え新たに一流を創立した喜多流の祖として高名ゆえ、喜多流樹立にまつわる伝承、また後の活動にまつわる逸話が多く伝わる。記録に残るものだけで一〇〇〇番以上の生涯演能番数があり、安土桃山期から江戸初期にかけての特筆すべき稀代の役者。金剛大夫継承の時代があることは紛れもなく、金剛弥一とともに系譜に記すべき大夫であると考える。

龍謹雑録　戦国期の金剛大夫

豊臣秀吉の甥である関白 豊臣秀次は、秀吉より早い時期から熱心な能の愛好者でした。古典の蒐集、保護に努め、茶道や連歌にも深く親しむなど古典や芸能を好む文化人であり、能においては謡曲の最初の注釈書である『謡抄《うたいしょう》』の編纂事業が文禄4年（1595）、秀次の命によって始められたことがあげられます。『謡抄』とは能一〇二番について、その能の典拠や旧跡、難解な用語についての説明書きが列挙され、公家の山科言経《やましなときつね》、連歌師の里村紹巴《しょうは》といった当時を代表する文化人らが中心となって作られました。背景として、桃山期にはすでに民衆にとって謡の詞章は難解で注釈が必要なものとなっていたことがあり、やがて江戸期に至って謡の活字化である謡本が発行され、町衆の間での謡の大流行につながる意義のある編纂事業でした。秀次は素行に問題が多く暴虐というイメージで後世に伝えられることの多い人物ですが、深い文化的素養を持っていたことは、今に残る謡本や関連書の礎がここで築かれたと言っても過言ではありません。

大和四座の中で特に金剛座の熱心な後援者であったとされる秀次は、歴史上よく知られるように秀吉の怒りを買い、眷族もろとも尽く粛清され、金剛流は大きな後ろ盾を失ってしまいました。金春流は秀吉、観世流は徳川家康とそれぞれ大きな後援者を得て流儀を拡大したのに対し、秀次の失脚は、その後の金剛流の流勢が上向かなかった大きな原因になったと思われます。

初代又兵衛に関しては、鼻金剛 金剛兵衛尉氏正の甥として系譜にも記され、小牧長久手の戦いでは三好秀次（後の豊臣秀次）に随行した逸話も流儀内で語り継がれていますが、その後の弥一、そして七大夫に関しては、これまで金剛の系譜には記されず、正統な後継者と見なしていなかったのではと思われます。しかしながら、能楽研究家、表章先生による綿密なご研究、膨大な裏付け資料による証明などで、これまで語られなかった歴史、金剛大夫継承の流れを知るところとなりました。ことに、後に北七大夫となった金剛七大夫長能の生涯を紐解く壮大なご著書『喜多流の成立と展開』（１９９４年・平凡社刊）には、新事実が数多く発見され、大いに参考にさせていただきました。これまでの金剛流の系譜、また流儀内外で伝わる逸話などとは異なる記述も多々ありますが、金剛流と不遇の関白 豊臣秀次との関わり、それゆえの歴史の波の中での流儀の盛衰が、大夫継承の経緯により、改めて見えてくるようにも思われます。

【十五世】金剛又兵衛長頼（勝長とも）　**寛文2年〜元禄13年**（１６６２〜１７００）

江戸時代中期、人気を博した金剛大夫。脚早《あしばや》又兵衛の名で知られる通り、早業《はやわざ》を得意とする身体の効く役者であったらしく、《熊坂》の宙返り、《舎利》での目にもとまらぬ幕入りなど、その舞の目覚ましさにまつわる逸話に彩られる人物。鮮やかな技とスケールの大きな舞振りを特徴とする「金剛流」の土台を築いた大夫のひとりであろう。流儀内では、金剛流の専有曲《内外詣《うちともうで》》の作者としての認識も大きい。

＊米沢藩上杉家お抱え役者

金剛五郎四郎

十五世又兵衛長頼の弟で、米沢藩上杉家四代藩主 綱憲公に召し出され上杉家のお抱えとなった人物。金剛大夫に数える立場にはないが、能役者が次々と各地の大名家に召し抱えられ、武士たちが半ば職務の一環として能を嗜んだ、江戸時代の式楽としての能の在り方を示す一例として特筆する。五郎四郎が上杉家へ移って以降、歴代藩主は金剛流を好み家臣にも学ばせ、米沢を中心とする置賜《おきたま》地方では金剛流が栄え、今に至る。

龍謹雑録　江戸時代の金剛大夫

十五世金剛又兵衛長頼（脚早又兵衛）は江戸中期に活躍した人物で、「舞金剛」と呼ばれる金剛流の芸風を象徴する逸話の数々は、流儀内で常々語られております。金剛流の特徴のひとつを表す型の多さ、アクロバティックな動き、演出といったものの中には、この時代に形成されたものも少なくありません。中でも又兵衛長頼の作による《内外詣《うちともうで》》は、神楽あり、獅子の舞あり、破ノ舞ありと、まさに舞尽くしの一曲。私も幾度となく勤めておりますが、作者の並ならぬ舞の技量を見せるために作られた演目かと感じたりもします。他流では獅子の出る演目は《石橋《しゃっきょう》》と《望《もち》月《づき》》の二番ですが、金剛流ではそれに《内外詣》を加え、「三獅子」と呼んでおります。《石橋》は霊獣である獅子の勢いを表す舞、《望月》では仇討ちの方便としての座興の獅子舞、そして《内外詣》では伊勢神宮の神事としての獅子舞と、曲ごとに三通りを演じ分けることが金剛流の獅子の舞では求められます。

また、金剛五郎四郎は、又兵衛長頼の弟にあたる人で、歴代大夫の列には入りませんが、江戸期に米沢藩上杉家へ召し抱えられて以降、当地で長く金剛流が根付く、その源流となった役者として忘れてはいけない人物でしょう。緊縮政策で財政難の藩を救ったことで知られる上杉鷹山《ようざん》も、養父 上杉重定が好んだ能の予算は削らなかったと伝えられます。今なお米沢で能が盛んであることの由来が偲ばれるような逸話です。

さて、江戸期の又兵衛長頼、五郎四郎あたりまでが、資料で辿るいわゆる歴史上の主だった大夫でありますが、その後、幕末から明治、大正、昭和と続く金剛大夫、宗家は、さらに近しく、当人や当人を実際に知る人々が記した書物、また祖父母、曾祖父母からの伝え聞きなども併せつつ、人物像を記したいと思います。また、私どもの直接のルーツとなります近江源氏を祖とする野村家の系譜、さらに坂戸金剛と野村金剛の合流、継承の経緯も、人物を辿りつつご紹介します。

【二十一世】金剛唯一（右近氏成）　文化12年〜明治17年（1815〜1884）

明治維新を迎え多くの能役者が廃業する中、能の灯を絶やさぬため尽力した激動の時代の金剛大夫。唯一は明治以降の名乗りであり《巻絹》の謡の「唯有一実相唯一金剛」からその名を取ったとも伝わる。《土蜘蛛》の千筋の糸の考案者として知られ、その美しく迫力ある演出は能のみならず歌舞伎などにも取り入れられている。

【二十二世】**金剛泰一郎**《たいいちろう》（**兵衛氏善**）　**嘉永2年〜明治20年**（1849〜1887）

父、唯一とともに、政変で衰退した能の復興に尽力。自宅でもある麻布飯倉（東京都港区）の能舞台は東京の能の復興拠点として能楽界全体を支えた。しかし後年、移転新築した舞台の火災により、多くの伝来品までもを失う痛恨時以降、心身を病み、父唯一の没後3年にして、成人に満たない息子右京を遺し死去。

【二十三世】**金剛右京氏慧**《うじやす》　**明治5年〜昭和11年**（1872〜1936）

坂戸金剛最後の大夫。9歳で青山御所へ出仕、祖父、父とともに舞台を勤めた記録があるが、その後数年して、相次いで祖父、父を失う。京都野村家での修行後、東京へ戻り、金剛大夫の風格を保持するも、火災、震災など度重なる苦難の中、跡継ぎがいなかったこともあり、坂戸金剛の絶家を宣言し生涯を閉じる。故実に精通し、多くの芸談、著書が残る。

龍謹雑録　明治の能楽の危機と金剛流

歴史上、能楽の危機は応仁の乱、明治維新、第二次世界大戦の三度あったと言われています。中でも明治維新による幕藩体制の崩壊は、能の世界に深刻な打撃を与え、幕府や藩からの扶持が絶たれた経済的困窮から数多の能役者が廃業し、二十一世金剛唯一、二十二世泰一郎の親子は、流儀のみならず、能楽界全体の復興のために尽くしました。宗家自宅である麻布飯倉の能舞台は、流派を問わず多くの役者がこの舞台に上がり、人数が足りない時には異流の共演も当たり前という状況の中、渾身の努力で能の灯を繋いだ舞台として語り継がれています。そのような激動の渦中、唯一、泰一郎親子が演能を続けることができたのは、江戸期に米沢上杉藩のお抱えになった五郎四郎の時代から縁の深い上杉家からの支えがあったことも大きく、米沢と金剛流の縁はその後も長く受け継がれ、現代に続いております。

また、唯一という人は工夫にも長けた人物で《土蜘蛛》の能の上演の際、ロール状に巻いた紙を細く切って作られた蜘蛛の糸を掌中に隠し持ち、土蜘蛛の精が源頼光や独武者《ひとりむしゃ》に投げかけて、あたかも蜘蛛の巣に絡め取る如くのシーンは現在では定番となっており、歌舞伎の舞台などで

《土蜘蛛》の千筋の糸

©国立能楽堂

も用いられていますが、この演出の生みの親が唯一とされます。唯一以前の《土蜘蛛》は、現在のものよりもはるかに太い蜘蛛の糸がひょろひょろと数回投げられる程度のものだったようです。唯一の創意工夫により鮮やかに広がる蜘蛛の巣の演出が見る人の心を摑んだのです。そのような唯一でしたが、飯倉の舞台の老朽化に伴い、転居、新築以降、状況が定まらず、また再度の転居後には、もらい火による舞台焼失、同時に貴重な面や装束など、多くの伝来品までもが焼けてしまう憂き目に遭うなどの不運が続き、失意のうちに金剛流は二十一世、二十二世と二人の宗家を失うこととなります。しかし能の歴史の中で訪れた、近代最大の危機である明治維新を能楽界が乗り切ることができたのは唯一・泰一郎親子の献身が多大であり、消えかけた能の灯を懸命に守りぬいた二人の功績は現代においても決して色褪せることはありません。

次代の金剛大夫、二十三世右京氏慧《うじやす》もまた、苦労の多い生涯でした。明治5年（1872）生まれ、幼名を鈴之助と言い、幼少時に神田の舞台がもらい火によって焼失し、その後父泰一郎は精神を病んでしまい、まともな稽古はつけてもらえない有様であったようです。明治20年、右京が16歳の頃に泰一郎は世を去り、散々な修行時代を送ったことを右京は自伝で述懐しています。明治26年に右京は京都へ移り、同36年に東京に戻るまでの十年間、野村金剛家（後述）の金剛謹之輔のもとで過ごします。大正4年に東京に戻り、牛込富久町《とみひさちょう》に念願の舞台を再建するも、またもや火事にて焼失し、金剛流にとって苦難の時代でありました。右京は故実に通じ大変な物識りで、またその芸風は金剛流らしく身体が利き早業《はやわざ》を得意としたと聞きます。古格を守る厳格な人柄で知られていたようです。右京には嗣子がなく、遺言で金剛家の絶家を宣言し、伝書を自身の棺に入れて焼失させました。日本大学の文学博士である松本亀松氏が可能な限り記録をして目録を残しましたが、それも第二次世界大戦の東京大空襲で失われてしまったとのことです。坂戸金剛家は断絶という歴史的局面を迎えますが、右京氏慧の生涯を通じての活動は、現在の東京金剛会、米沢金剛会の礎となっています。

さて、その後に私の祖である京都野村家が野村金剛として、その流れを受け継ぎ合流となります。その辺りは野村金剛の系譜と重なるところもあり、そちらに記してゆきたいと思います。

野村金剛家

江戸期の京都では、江戸幕府下の式楽としての能とはまた違う、天皇・公家の所望に応じた能の催し「禁裏御用《きんりごよう》」が行われるようになります。観世流の片山家、金春流の川勝家、喜多流の堀池家、竹内家などが禁裏に出仕した主たる家で、私の先祖である野村家も代々禁裏御用を勤めております。

さて、御所へあがり帝はじめ宮中の方々の御前で能を勤める「禁裏御用」は、能の歴史を大きく辿る中では主流たり得ない一面ながら、都においては、能（猿楽）という芸能の非常に重要な部分を占めるものでありました。もちろん金剛流としては、幕府お抱えの式楽四座として幕府に出仕し、米沢藩へ赴いた金剛五郎四郎の系統に代表されるように大名家との繋がりも深いのですが、天皇家のお膝元、京の都には、幕府式楽とは趣の異なる能の楽しみ方、発展の仕方があったのです。また禁裏御用を勤めるに当たっては「私は四座の役者ではございません」という誓約書のようなものを出してはじめて御所への出仕が叶う、そういう決め事もあったようです。このあたりは当時の身分制度に関わることですが、四座一流筆頭の観世大夫は大名並みの暮らしをするなど能役者が実質的には大変重い扱いを受けていた一方で、身分制度の中ではやはり士農工商の外となり、それでは御所へはあがれない、というわけなのでしょう。禁裏の御用を勤める役者は「手《て》猿楽《さるがく》」の者、つまり元々の職業役者ではない「町役者」という名目で御所への出入りが許されたのです。当時の京都には「手猿楽」の役者が多く、元武士、元町人などが嗜みとして始めたものが本格となり各地の大名家に抱えられるという例も散見され、京都はある種、そうした指南役の供給源であったとも聞き及びます。江戸期以降、幕府式楽、武家の芸能との認識の高い能ですが、天皇家のみならず公家の中にも邸内に能舞台をつくるほどの愛好者もあり、さらに上層町人の間には「謡講《うたいこう》」の楽しみなどもあり、そこに都ならではの雅《みやび》で大らかな芸風が築かれていったと言えます。

野村家は、近江源氏 佐々木氏を祖とする近江国（滋賀県）守護大名 六角氏の分流とされます。室町前期から中期にかけての守護大名 六角満綱の子 久綱が、六角より野村姓に改めたのが初代と伝わります。その後、近江国堅田《かたた》の衣川城の城主を勤めたとも伝わりますが、江戸期にいたって武将としての野村家の歴史は終わり、やがて能役者の家として野村家は存続していくことになります。能役者としては、野村家五代 信吉、号を宗古と名乗った野村利兵衛が初代であり、後に野村家は金剛流の禁裏御用の能役者の家系として能を勤めていくことになります。

【野村金剛初代】

野村利兵衛信吉（宗古）　**天正元年～寛永14年**（1573～1637）

武家より転身し金剛座の手猿楽の役者となった初代とされる。京都西六条に居住していたが、本願寺建立に際し東六条に移住したとされる。号を宗古と名乗り、この後数代して、野村家は禁裏御用の能役者の家系として能を勤めるようになる。

野村三次郎直寛　文化5年～明治3年（1808～1870）

幕末から明治維新にかけての野村家当主。兄の至盛が病弱であり禁裏御用役者の任を勤めることが叶わなかったため、弟の三次郎が当主を相続したと伝わる。当主名である八郎兵衛を名乗らなかったのは兄 至盛への遠慮があったためと思われ、至盛の後は野村家に八郎兵衛を襲名する役者は現れていない。京都を代表とする能役者としてその舞台への評価が高く、同じく禁裏御用の観世流能役者である片山九郎右衛門晋三とともに、関西の双璧と見なされていた。

金剛禎之助《ていのすけ》直勝　文政12年〜慶応元年（1829〜1865）

三次郎の養子。三次郎には男子がなく、後継ぎとして但馬国（兵庫県）出石《いずし》の大名家、小出家より養子に迎えられた。名手であった芸父 三次郎の薫陶により見事な芸を身につけた役者であったとされ、その芸は阿波藩主 蜂須賀斉裕《なりひろ》公にこよなく愛された。また、孝明天皇の妹君である和宮内親王も将軍家茂《いえもち》への降嫁の前年に桂御所での御能をご覧になり、中啓などを下賜された。家茂の叔父にあたる蜂須賀公の推挙、お能を好まれる和宮様の影響もあってか、江戸城で将軍家茂に能を披露。御意に叶い、二代に限り金剛姓を許すとのお達しを受け、金剛禎之助を名乗るも37歳にて早逝。

金剛謹之輔《きんのすけ》直喜　嘉永6年〜大正12年（1853〜1923）

幕末に生まれ、明治の関西能楽界を牽引した禎之助の実子。11歳で父 禎之助を亡くし、祖父 三次郎に能を仕込まれるがその祖父ともほどなく死別。16歳に禎之助が出仕していた蜂須賀家との縁で徳島（旧徳島藩）へ。一時、兵役についた後、上京し、二十一世宗家 金剛唯一のもとで修行。維新後の混乱期、各流混在の舞台なども多く勤めた。その後、京都へ戻り、祖父 三次郎の自宅を相続し、四条室町菊水鉾町に能楽堂（旧金剛能楽堂）を創建。能面への造詣が極めて深く「雪の小面」をはじめ、数多くの優品を蒐集し、「面金剛」の基礎を築いた。近年の金剛流の役者の中でも特に名人の誉れ高く、「東の宝生九郎・西の金剛謹之輔」と世間に謳われた関西能楽界の巨星。

龍謹雑録　野村金剛家の事績Ⅰ

能役者としての野村家では、初代宗古の孫である信茂から八代目の至盛まで代々の当主が八郎兵衛を名乗り、禁裏御用の能役者として初めて記録にその名が見えるのは、宝永8年（1711）3月4・5日「禁裏御即位御能」です。宮内庁書陵部に、『禁裏仙洞御能之記』という1703〜1786年の禁裏・仙洞（＝上皇の御所）での番組集が残っています。中御門天皇の即位を祝う演能にて、野村八郎兵衛が4日に《梅枝》、5日に《加茂》《御田《おんだ》》《安宅《あたか》》のシテを勤めたとの記述があり、それを代々当主の生没年に当てはめると、当時、宗古の孫 信茂は70代半ば、曾孫《ひまご》の続資は30代半ば。勤めた演目から考えると、この記述に登場する八郎兵衛とは、宗古の曾孫、続資と考えるのが妥当かもしれません。襲名の難点として、番組に見られる八郎兵衛がはたして何代目となるのか、時期によってはなかなか判別の難しいところもあります。

三次郎直寛は、幕末の京都を代表する名人。今も語り継がれる逸話の多い人物です。そのひとつとして、七三頁掲載の「曲見《しゃくみ》」にまつわる逸話があります。この河内《かわち》作の「曲見」には「道成寺掛ケ」の銘がつけられており、天皇の御前での能、いわゆる天覧能にて、光格天皇・仁孝天皇・孝明天皇の三代にわたり三次郎が《道成寺》をこの面にて三度勤める栄誉に浴したことに由来する名付けと伝わります。また、生涯を禁裏御用の能役者、「町役者」としての己を貫き、阿波徳島藩主蜂須賀家からのお召を辞退したとされます。代わりに息子（芸養子）の禎之助が徳島藩へ出仕し、縁を繋ぐこととなります。大変な大酒飲みであったとも伝わり、舞台前に酩酊状態のところへ弟子が演目を伝えにくると了解し、見事な能を勤めたという話からも、なかなか豪快な舞手であったのではと感じます。通常は「平太」という面を用いる《八島》の能を、三次郎は「黒髭」の面をかけて演じ、その舞台について初世 巌（三次郎の曾孫）が、「さだめし浮世絵師なにがし描く武者絵のように阿修羅のごとくすさまじい武将の姿を現じたものであろう」と著書の中で懐述していますす。そこからもダイナミックな芸風が目に浮かぶようです。また京舞井上流二世 井上八千代は自流の舞に能の型を取り入れたことでも知られますが、その際に私淑したのが野村三次郎でした。芸を惜しむことなく伝え、また教えを取り入れ京舞を大成する名人同士に、芸の高みを標榜する姿勢が偲ばれます。

三次郎の子、禎之助直勝は系譜にも記したように小出勝興の三男を迎え入れた芸養子です。天保7年7歳の頃に芸養子に迎えられ、同9年には禁裏の能に初めて出仕しています。禎之助が養子に選ばれた経緯のひとつに「《邯鄲《かんたん》》の飛び寝」のエピソードがあります。当流の《邯鄲》の型の中には、物語の佳境で橋掛りから舞台へ走り込んだ後、脇座の一畳台の手前で二つ拍子を踏んで飛び上がり、空中で真っ直ぐ〝横寝〟の姿勢を取ったまま枕に頭が乗るように落ちる、というアクロバティックなものがあります。容易《たやす》くできる型ではありませんし、とくに装束をつけない稽古時は、非常に痛く辛いものです。そのため多くの弟子が稽古を中断してしまう中、幼少の禎之助はひとり黙々と稽古を重ねており、その姿を三次郎が見込み望んだという話をよく聞きます。

もちろんこれは一例であり、幼少期よりその天稟《てんぴん》、芸道に邁進する姿勢が現れていたのでしょう。

禎之助は青年期には江戸の宗家のもとで修行に励み、その後に阿波国徳島藩の十三代藩主蜂須賀斉裕に召し抱えられ、大坂に在住します。蜂須賀斉裕は十一代将軍徳川家斉《いえなり》の二十二男。将軍家からの養子として迎えられた斉裕は、海防や藩政改革において大きな成果を残した開明的な藩主でした。幕末、日米修好通商条約の締結を巡り幕府と朝廷との間に亀裂が生じます。佐幕か勤皇か、開国か攘夷かといった様々な思想に各大名家が分かれ、政局が混沌とする中、幕府・朝廷の関係修復、また幕府権威回復のため、朝廷と幕藩体制を結び付ける公武合体の運動が起こりました。斉裕は幕府・朝廷双方との関係を重んじ「佐幕にして勤皇」と称され、公武合体のため幕末政界を奔走します。

公武合体の象徴として推進されたのが、孝明天皇の異母妹である和宮内親王の十四代将軍徳川家茂への降嫁でした。当時、宮中の女官たちは禁裏御用の能の中で、片山家・野村家への贔屓に分かれ、その家紋にちなんで矢車党・沢瀉党《おもだか》とそれぞれを称して楽しんでいたそうです。和宮は沢瀉党であったでしょう。野村禎之助は金剛姓の名乗りを幕府より許され、その後は代々の野村家の役者が金剛の姓を用います。斉裕がお抱え役者である禎之助への金剛姓認許を幕府に求めたと公には言われておりますが、実際は禎之助を贔屓にした孝明天皇と和宮の意向であり、時代背景ゆえ記録にはされませんでしたが和宮降嫁までの条件のひとつであったことを演劇評論家 沼艸雨との対談で禎之助の孫 初世巌が述べています。その後、技芸検分のため禎之助は江戸へ。同じく蜂須賀家お抱えであった同流の今井幾三郎、太鼓方の橋本熊三郎、笛方の森田栅内、狂言方の小林喜兵衛ら大坂の役者が同行し、江戸城にて将軍家茂の御前にて《石橋《しゃっきょう》》を勤め、その出来によって禎之助とその子 謹之輔の二代に限り、金剛姓を名乗ることを許されます。そのお披露目の場となったとされるのが、文久元年10月7日の和宮降嫁祝賀能。金剛流に伝わる禁裏よりの拝領品のなかに和宮より賜わった中啓があり、その箱書には「文久辛酉年十有月七日　桂御所ニ於テ御能」と記述されます。金剛姓認許へのお祝い、もしくは降嫁に際しての名残のような気持ちで下賜されたものでしょうか。内々の催しのため当日の番組は残っておりませんが、演目の一つは《蟬丸》であったと伝え聞きます。逆髪《さかがみ》と蟬丸の二人の皇族の姉弟の別れをテーマにした物語の中に、孝明天皇と和宮内親王の姿を重ねたであろうことは想像に難くありません。その十三日後、10月20日に和宮は桂宮邸を出立、江戸に赴き将軍家茂との婚礼を迎えることとなります。

禎之助は37歳の若さでその生涯を終えますが、数々の人々に愛されたその天才的な技芸、また禁裏御用の野村家が金剛姓を名乗り始めるきっかけともなった、金剛流の歴史において大きな役割を果たした人物です。

そしてその息子の謹之輔は、名人の誉れとともに、現在の金剛流の礎を築いた人物であり、その敬意から父、私、私の長男の名にも謹の一字を頂いております。幼い頃には祖父三次郎、父禎之助とともに「文久改元御祝禁裏御能」（最後の禁裏御能）に出仕し《船弁慶 白波之伝》の子方を勤め、初お目見えのご褒美として孝明天皇から賜った初参《ういざん》人形は当家の名物のひとつとなっております。しかしその若年期には苦労も多く、父を11歳で亡くし祖父に能を仕込まれますが、この時期の京都はいわゆる幕末から明治維新に至る動乱の只中。京都においても、明治新政府の方針により首都は東京に遷《うつ》り、天皇をはじめ公家・大名らは東京に移住することとなります。遷都の折には東京へ随行したい旨も申し出たそうですが、残れとの命で京都に留まったと聞きます。おそらくあの時代、多くの人々の中には、天皇さんはまたそのうち京都へ戻って来られる、その留守を守る、という意識があったのでしょう。天皇家不在となった御所で禁裏御用を勤めるすべもなく、ここで禁裏御用の能役者という職掌は終わりを迎えることになりました。東京と同様に京都の能楽界も演能の場を失い、関西の能役者も経済的困窮に見舞われます。明治の一時期には「片山の襟屋、金剛の煙草屋」と京都の市中で噂されたそうですが、謹之輔は煙草屋を副業に営むことで生計を立てていた時期もあったそうです。明治2年、16歳の頃に、父 禎之助がお抱えとして給禄を賜わっていた阿波に居を移し藩兵として砲術を修得し、また軍楽隊にも所属しました。やがて大阪鎮台設置後、藩兵は廃止され、明治6年、20歳のころ京都に戻ります。徳島在任のうちに祖父 三次郎も亡くなり、その後に東京の宗家 金剛唯一のもとで修行、そして京都へ戻ってからは、三次郎の自宅のあった四条室町に金剛能楽堂を建造、以降140年、この能

初参人形
孝明天皇より金剛謹之輔拝領
江戸時代・文久2年（1862）

楽堂は京都の人々はじめ、多くの方に親しまれる劇場となり、能舞台は、御所の前の現能楽堂へ移転後も大切に受け継がれています。

また忘れてならないのが謹之輔の能面への造詣の深さで、多くの古面を蒐集し現在に伝来しております。これは謹之輔の生涯における大きな功績です。金剛流に現在伝わる古面のうち、およそ三分の一は謹之輔の手によって集められたものであり、中には「雪の小面《こおもて》」（七四頁）をはじめ流儀の名物面となっているものが数多く、その鑑識眼、蒐集への熱量は凄まじいほどです。能面への多大な情熱を持つにあたっては、謹之輔が後に後悔を抱いたある出来事があったと聞きます。明治期の大名家や各流の能の家の窮乏により、大量の能面が市場に売却されたことは能の歴史にも少し触れておりますが、それらの能面、古美術品を買い求める人々の中には外国人も多く、海外への能面の流出を当時は止めることができませんでした。そういった時勢下、謹之輔は横浜の商館からの依頼により外国人の能面蒐集に手を貸す仕儀となり、そこで一面、すこぶる心惹かれる面に出逢いながら、生来の律儀と潔癖から、それを内々に入手ということはせず見送ります。しかし後年、その面の並ならぬ価値を知り、無念を噛み締めたのだそうです。その経験からいよいよ鑑識眼を磨き、蒐集に注力、後世の私たちに貴重な面を残してくれました。また、そうした謹之輔の情熱に力添えをしてくださった財界人も多く、中でも「千草屋」の屋号で両替商を営んだ平瀬家七代目当主、近代屈指の数寄者として名を馳せた平瀬亀之助（露香）との交流からもたらされた名品には目を見張るものがあります。

当時の京都の能楽界は禁裏と本願寺との繋がりをおいては語れない、とよく言われますが、謹之輔はその両方に出仕し、ことのほか重用されました。謹之輔の演能の際には地謡裏の御簾席には賀陽宮《かやのみや》妃殿下が、正面には本願寺の大谷光演上人が常々観に来られるなど多くの方々からの厚遇を受け、またその舞台の人気で見所《けんしょ》の人数がどこまでも増えていき、ついには舞台手前の白洲まで客席とし、文字通り見所がせり出してくるといった様相であったそうです。

舞台のみならず、伏見稲荷大社の能舞台普請、東山阿弥陀ヶ峰の豊国廟《ほうこくびょう》での三日にわたる秀吉三百年祭能、東本願寺での五十年ごとの親鸞聖人御遠忌の能など、数々の能楽界の大事業において世話役も勤め、その事績は枚挙にいとまがありません。また近年、フランスのアルベール・カーン美術館より謹之輔の演能映像が見つかり、最古の能の動画として注目を集めたことも記憶に新しいです。

明治26年より、若き日の坂戸金剛二十三世宗家金剛右京氏慧が京都の謹之輔のもとに身を寄せ、十年間の修行の日々を送ります。謹之輔自身も若年の頃に東京で右京の祖父 唯一のもとで育ててもらったことから、芸をお返しするという気持ちでその稽古に力を入れたとのことです。坂戸金剛家と野村金剛家というふたつの金剛家がお互いを支えあい、苦しい時代を乗り越えてきた姿が見られます。

【二十四世】**初世 金剛巌《いわお》　明治19年〜昭和26年**（1886〜1951）

謹之輔長男。名手 謹之輔の薫陶を受け高い技術をつけた役者として評価を受けるが、芸風は親子で大きく異なり、優美な役柄を得手とした。金剛流二十三世宗家 金剛右京氏慧没後、右京の坂戸金剛絶家遺言に準じ、初世として宗家継承。後年、坂戸金剛の後継と位置付けられ二十四世宗家と称される。父譲りの能面への造詣の深さ、知識を以て記された著書『能と能面』（1951年・創元社刊）は近代の優れた能楽論として知られている。

【二十五世】**二世 金剛巌　大正13年〜平成10年**（1924〜1998）

初世 巌三男。その人物を知る古老が「最後の大夫」と評するように、時代の流れに乗じず古式に則る宗家の厳格を貫いた人物。その芸風は祖父 謹之輔に通じるものがあり、命を削るように勤めた濃厚、濃密の舞台で見巧者の心を擱んだ。

【二十六世】**金剛永謹《ひさのり》　昭和26年〜**（1951〜）

二世 巌長男。1998年、金剛流二十六世宗家継承。2003年、父祖から引き継いだ四条室町の能舞台を現在地へ移築し、新能楽堂を落成させる。能楽五流派唯一、京都に本拠を構える金剛流宗家として一門を牽引。2023年重要無形文化財保持者（人間国宝）の認定を受ける。

龍謹雑録　野村金剛家の事績 Ⅱ

初世 巌。私の曾祖父ですが、私の祖父である滋夫《しげお》も、後に芸名として父親の名を継ぎ「巌」を名乗ったため、曾祖父のことを初世 巌、祖父を二世 巌として日頃から呼び分けております。初世 巌は、実の父である名人謹之輔に師事し、その薫陶を受けますが、芸風としては真逆。謹之輔が天狗物などを得意にいかにも下懸りらしい武骨な芸風であったのに対し、初世 巌は優美な女性の役柄を得意とした艶のある芸風であったと言われ、谷崎潤一郎著『陰翳礼讃』では初世 金剛巌の舞姿の美しさについて触れられています。能のみならず様々な芸術分野への関心が高く、近代京都画壇の大家である竹内栖鳳《せいほう》と謡《うたい》と日本画を互いに教えあった関係であり、取りわけ絵を描くことを好みました。美人画の名手として知られる女性画家・上村松園《しょうえん》の謡の師でもあり、初世 巌の能に影響を受けて松園が描いた、能を題材とする名画が多数知られています。松園の代表作のひとつである「焔《ほのお》」（東京国立博物館蔵）は、『源氏物語』の「葵」を典拠とした能《葵上》に登場する六条御息所が、光源氏の正妻である葵上への嫉妬心をつのらせる姿に着想を得て描かれた作品です。その目は絹本の裏から金泥を用いて彩色されており、これは能《葵上》において六条御息所に用いる能面「泥眼《でいがん》」の白目部分に金泥を施している、という初世 巌からのアドバイスによるものであったそうです。初世 巌と相談の上で考えられた「焔」のタイトルも、能《葵上》の詞章から取り入れられたものでしょう。松園は自らの絵画に初世 巌に師事した能の〝気〟を取り入れることで作品を昇華させましたが、初世　巖自身もまた、日本画の世界から能に通じる美意識を探求したであろうことは想像に難くありません。筆まめな人物で、初世　巖の書き残してくれた全曲の能の型付けが現在の金剛流にとっての基本的な指針になっています。また、非常に社交的、洒脱な人物であったらしく、当時を知る古老の人々からは、その芸の見事さとともに、非常に垢抜けた人物であまり私欲のない人柄であったことや、下戸《げこ》ながらも酒席を好み、いちど話し出したら一晩中でも話し込んでいたといった話もよく聞きました。初世　巖はたいへん能公演の多い時代に生きたこともあり、精力的な舞台生活を送りました。当時、名人と言われた梅若万三郎が生涯三千番の能を舞ったことは有名ですが、初世巖もそれほど変わらぬ番数を生涯で勤めていたと聞き、二十数番の能のシテをひと月に勤めることもあったそうです。また、「新様式能」と名付け、能舞台から離れた劇場空間の中でいかに能を演出するかに力を注ぎ、時には旧套墨守《きゅうとうぼくしゅ》にのみ陥りやすい能楽の世界において強い批評的精神を持ち、能楽を新しい時代へと育てるため力を尽くしました。

　この初世　巖の時代に、坂戸金剛二十三世宗家、右京氏慧が死去。右京氏慧には嗣子がなく、臨終の際、自身の代をもって坂戸金剛家は廃絶する旨を遺言しました。このことは能楽界全体の大きな問題となり、能の歴史とともに連綿と繋がれてきた金剛流の歴史を途絶えさせぬため、他のシテ方四流宗家の協議の結果、流儀内で実質的に宗家としての役割を任されていた野村金剛家の当主である初世　巖に金剛流宗家を継承させる運びとなりました。他流宗家全員の強い推挙により金剛流宗家を継承するも右京の遺言を重んじ、二十四世は名乗らなかったようです。これを以て、かつて禁裏御用の能役者の家系であった野村家が、坂戸金剛家より続いてきた金剛流の歴史を引き継いでいく役目を担うこととなります。また、子孫である我々にとって、大和猿楽四座から至る金剛家と、禁裏御用の能役者である野村家の歴史が合流する大きな出来事でもありました。

この初世 巖には能役者として育てた子が四人おりました。貞雄、三郎、勲、滋夫の四人であり、中でも長子である貞雄は、祖父謹之輔がひとかたならぬ期待を込めて教育したようで、能役者として順調に舞台経験を重ね将来を嘱望されていましたが、14歳の頃に結核によって夭折し、気丈で知られた謹之輔も肩を落とし涙を流して嘆き悲しんだと聞きます。三郎もまた10歳で白血病で病死してしまい、その下の貞雄ら三人の異母兄弟にあたる勲は兄二人と同様に能役者としての修行を積み、青年期には舞台技術に定評があったことをしばしば耳にします。私が若年の頃、京都観世流の重鎮であられた片山幽雪師から、初世 巖は貴族的な雰囲気のある人物であったというお話とともに、その婚外子であった勲の芸がたいへん鮮やかであったというお話を聞かせていただいたことがあります。しかしその勲も第二次大戦で帰らぬ人となり、末の滋夫が二世 巖となったわけです。

金剛家三代。二世巖古稀祝賀能（1994年12月20日）での鏡の間にて。左より若宗家龍謹、二十六世金剛流宗家永謹、二十五世二世巖

そうした経緯で家督を継いだ二世 巌が私の祖父です。大正生まれの二世 巌には年の変わらぬ高弟が何人かおり、その人たちが近年まで存命でしたので、よく聞いた話の中に「最後の大夫であった」という表現がありました。今は時代も変わり、能の舞台も皆でつくりあげるというような意識で、その良いところも数々ありますが、二世 巌にとっては、能の舞台とは大夫が率いるもの。舞台上で起こることの全責任を自ら負うという覚悟のもと、凄まじい気迫で舞台を勤めていた、そういう姿に昔ながらの「大夫像」を見たのでしょう。能を一番舞い納めた後は三日ほど寝込むことも少なくなかったそうで、命を削るような舞台という言葉は祖父にとっては決して比喩表現ではなかったと思われます。

その舞台には一種独特の空気感があり、般若面を用いるような怨霊の能などでは、実際に背筋に寒気のするようなおどろおどろしさがあったことを流儀内外の古老の役者たちから共通して聞きます。一方で《大原御幸》の能などでは、何をするともなく建礼門院の高貴さを表現する品格の高さも見せ、こういった能は祖父にそなわった特質であったでしょう。整った能をすることにはこだわらない祖父の芸風は独特のものでありましたが、物語の世界そのものを現出するかのようなその舞台は、他にはない魅力で観客を惹きつけました。

金剛家三代の《橋弁慶》。左より、二十六世宗家永謹、若宗家龍謹、龍謹長男謹一朗

その舞台生活の中で特筆すべきは、昭和59（1984）年7月のイタリア・ヴァチカン公演でしょう。カステルガンドルフォ　バルベリーニ離宮での《羽衣　盤渉《ばんしき》》は、時のローマ法王ヨハネ・パウロⅡ世が観覧され、この公演を「東西精神の交流史上の一大事件」と述べられました。またピッティー宮殿での《葵上》について、フランス文学者・評論家である桑原武夫氏の記録が祖父の芸の本質を表しているように思われ、以下に引用します。

金剛巌氏の《葵上》は実に素晴らしかった。女の嫉妬の激しさ、こわさの表現の完璧の見事さ。表現などといったのでは感じが出ない。嫉妬という存在そのものの圧迫感。現代世界に優秀な演劇は少なからずあるが、このような強さをもって迫る美しさに接することは稀であるように思った。

京都能楽界ではその稽古の苛烈さが有名で、能に関わることには神経質になりすぎ、時代でもありますがスパルタ式の激しさがありました。公演の楽屋では、とても近寄れないような恐ろしさがしばしばあったことを覚えています。私が10歳の頃に祖父の二世　巌は亡くなりましたため、稽古を多くは受けてはいませんが、それでも記憶に残る祖父のシテで《橋弁慶》の子方《こかた》牛若丸を勤めた折は、「ここで飛ばなければ長刀《なぎなた》で本当に斬られる」と思うような、緊張感みなぎるものがありました。そのような二世　巌ですが、能を離れた時には本当に優しい祖父で、近くのデパートへよく連れて行ってくれました。和服で通した人だけに、外出の折にも着流しにステッキ、ハットを被り、子供心にもお洒落なスタイルと思ったことを覚えています。大夫として自身の能のみならず他の役者にも舞台への妥協を決して許さない姿勢がありましたが、その素顔はプライベートでの気さくで心優しい姿だったのだろうと思います。

さて、ここに坂戸金剛、野村金剛の歴代の人々と、それにまつわる私の聞き伝えなど交え、金剛流の大きな流れを記したつもりですが、少しはご理解の助けとなりましたでしょうか。先人の系譜を辿り、整理し、書き記すことは、この先、私から子へ、孫へと、この芸の流れを途絶えることなく受け継いでいく、その心根の再認識のためにも有意義であったと思います。

金剛家伝来の面

能の特徴は仮面劇、つまり能面を用いて表現する演劇であるということがあげられます。能面によって演者は、美しい女性や少年、老人、または鬼や神などの様々な役柄を演じることができるのです。優れた能面が巧みな役者に用いられることで舞台にもたらす効果は多大であり、能の演技の根幹をなすものと言えるでしょう。

坂戸金剛家に伝来した本面のうち、54面が「旧金剛家伝来能面」として三井記念美術館に所蔵されております。昭和11年（1926）に二十三世金剛右京氏慧《うじやす》が亡くなり坂戸金剛宗家が断絶した折、没年の前年である昭和10年7月に右京より北三井家の三井八郎右衛門（高公）にこの54面が譲渡され、その後北三井家から三井文庫、三井文庫別館に保管され、現在は三井記念美術館の館蔵品となっております。これらは54面まとめて「旧金剛家伝来能面」として平成20年に重要文化財に指定され、三井記念美術館での展覧の際にご覧いただくことができます。

金剛家伝来の装束

能で役を演じる時に扮装に必要な舞台衣装を能装束と言います。肌着や股引《ももひき》、鬘《かずら》の下に被《かぶ》る帽子や足袋を身につけた上から、摺箔《すりはく》や熨斗目《のしめ》などを着付《きつけ》として身につけ、大口《おおくち》・半切《はんぎり》などの袴《はかま》類、その上に唐織《からおり》・水衣《みずころも》・長絹《ちょうけん》などを上着として着て、仮髪や冠物、鬘帯や腰帯など多くのもので支度を整えます。

観阿弥・世阿弥の時代の装束は今のようにきらびやかなものではなかったことは記録からわかります。その後、能楽が権力者に取り立てられるようになってから、金襴《きんらん》や緞子《どんす》など中国から渡ってきた染織品が能役者のもとに下賜されることで、次第に能装束が現在のような豪華絢爛なものになったのだとされます。しかしながらこのような事実が史料の記述で残ってはいるものの、能装束は面《おもて》と違い、柔らかな染織品であり身に着けて動きまわり摩耗して傷むものであるため、

花乃丸中啓

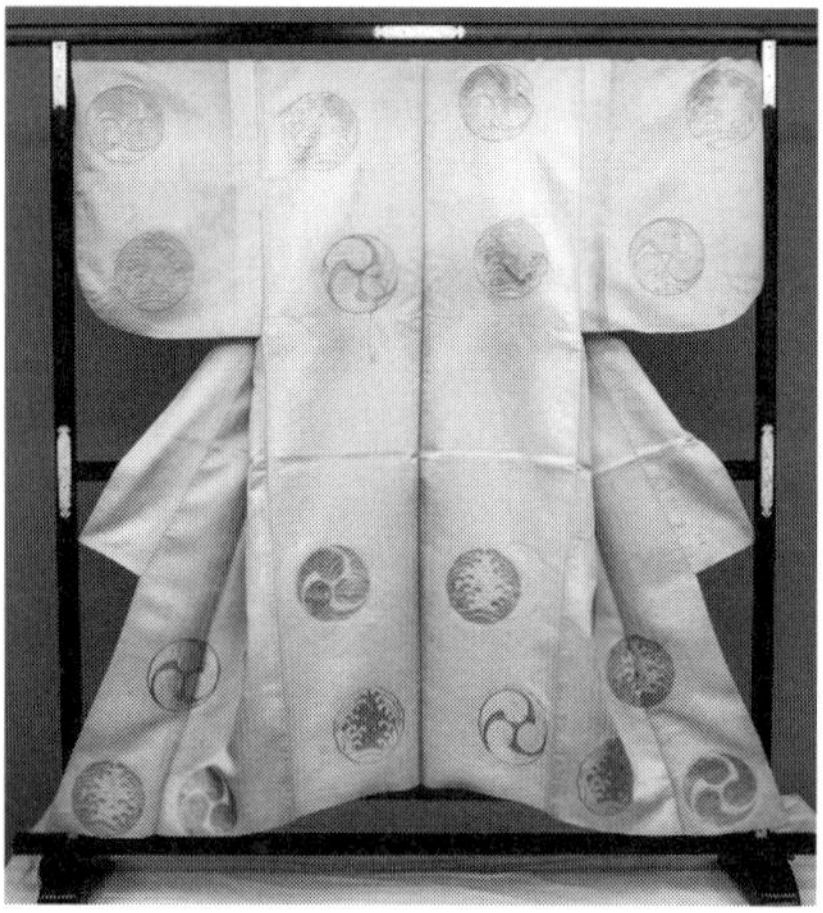

八橋織白地巴波文縫箔

古品が残りにくく今に伝存するものは多くはありません。長い歴史を重ねてきた装束もありますが、能でそのまま使い続けるには耐えられませんので、折あるごとに新調しながら舞台の装束を整えております。その中から、当家に伝来する御所との御縁で拝領した装束などいくつかご紹介いたします。

孝明天皇より拝領した寝間着を能装束に

八橋織白地巴波文縫箔　江戸時代

江戸末期の孝明天皇（1846～1867年在位、明治天皇の父）より拝領。もとは八橋織の地紋のみの寝間着であったそうだが、巴と波文の縫箔《ぬいはく》（金銀の摺箔と刺繍）を施し、《船弁慶》の後シテなどで着付《きつけ》として用いた。

和宮ゆかりの中啓《ちゅうけい》と鬘帯

花乃丸中啓　江戸時代

文久元年10月7日、桂御所での御能の折に和宮内親

紅地胴箔四季の草花腰帯

紫白菱地六角花菱散絽刺鬘帯

王（1846～1877）より拝領した中啓。和宮様は第十四代将軍 徳川家茂に嫁いだ孝明天皇の異母妹。この御能の会の約二週間後に、江戸へ向けて出立された。

紫白菱地六角花菱散絽刺鬘帯　江戸時代

和宮内親王お手差しの鬘帯。一差し一差し、乱れることなく丁寧に施されている。自らお作りになられたものを下賜されたことに、禎之助らへの贔屓のほどがうかがわれる。鬘帯は、鬘の上に締めて、その先端を背後に垂らすもの。

尾形光琳ゆかりの腰帯

紅地胴箔四季の草花腰帯　江戸時代

尾形光琳の下絵による草花腰帯。梅に椿、牡丹、水仙など様々な四季の草花の刺繍が腰帯の先端部両面に絵替わりで施されている。腰帯とは、上着類などを着付ける際に結ぶ帯で両先端部を腰前に揃えて垂らす。

金剛能楽堂

かつて能の大成に大きな影響を及ぼした室町幕府第三代将軍足利義満は、現在の京都市内今出川室町近辺（京都御苑の西側）に室町殿、または室町第と呼ばれる邸宅を建造し居住していました。この邸宅が室町幕府の名の由来にもなり、庭内には四季の草花が咲き乱れたことから「花の御所」とも呼ばれました。現在は石標が残るばかりですが、義満に重用された世阿弥の能はこの花の御所から昇華したのです。花咲き誇るこの地で世阿弥が自身の能を確立したことは、後に『風姿花伝』の中で芸能論としての「花」に深く言及していることと無関係ではないでしょう。

金剛流の拠点である金剛能楽堂はこの花の御所からほど近い、京都御所の西向いに所在しております。明治時代、私の高祖父である金剛謹之輔《きんのすけ》により建造された四条室町の旧金剛能楽堂を、現宗家である父 金剛永謹が平成15年（2003）この地へ移築建造いたしました。父の一大事業によって建造された現金剛能楽堂では、流儀の定例演能会である金剛定期能をはじめ常時さまざまな能公演や学生鑑賞能などが催され、流儀の根幹を支える拠点として、また関西能楽界の主要な能舞台のひとつとして数多くのお客様にご来館いただいております。

金剛能楽堂の見所《けんしょ》（客席）に足を踏み入れると、コンクリート打ちっぱなしの現代的な外観とは打って変わって能舞台の厳粛な雰囲気に驚かれると思います。まず目に入るのは能舞台を覆う大きな屋根でしょう。ちなみに旧金剛能楽堂の舞台の屋根は瓦葺でしたが、移築後の現舞台は檜皮《ひわだ》白《しら》洲《す》に変わり、柔らかい雰囲気となりました。また舞台の周囲に敷き詰められた白い玉石による白洲、橋掛りの松、舞台の奥の旧能楽堂からそのまま移した鏡板に描かれた松など、これらは本来能が屋外で演じられていた時代の名残です。現在では全国各地に能楽堂が建造され屋内で能を見ることが一般的となりましたが、舞台と客席がひとつの建物におさまった能楽堂という能専用の劇場のかたちが出来上がったのは明治時代以降です。室町時代、観阿弥・世阿弥の頃は寺社の拝殿や屋外の仮設舞台で能を演じることが多く、舞台の造りも現在の能舞台とは大きく異なった簡素なものであったであろうと言われます。やがて時代が移るとともに常設の舞台が増え、室町末期から江戸期にかけ能舞台の構造も本舞台に橋掛りの現在のスタイルに統一されていきますが、舞台と客席は別棟の建物であり、その間を白洲で区切ったかたちが正式な能舞台とされていたようです。近代になって最初の能楽堂は、東京芝公園内にできた明治14年（1881）建造の芝能楽堂で、能の歴史から見ればごく近代に入ってからと言えます。このような変遷を経て今となっては見慣れた能楽堂内の舞台の景色ですが、あらためて考えると舞台を屋根ごと屋内に取り込んだ設計はたいへん斬新な発想であると感じます。

能舞台の印象として強く残るのは、舞台正面奥の板に大きく描かれた松でしょう。この舞台正面奥は鏡板といわれる板の継ぎ目を見せない板張りで、この部分には老松が、そして右奥切戸口の脇には若竹が描かれています。この松と竹の絵は、能の物語に直接関係のある背景ではありません。しかしただの背景というわけでもないのです。この鏡板の老松は、奈良の春日大社にかつであった影向《ようごう》の松が描かれているとされています。影向の松は神様が来臨する神の依り代《よりしろ》と古来信じられてきました。現在でも12月に行われる春日大社若宮のおん祭では影向の松の前で金春流の能が披露されます。能は神に演能を捧げる奉能に起源があり、その気持ちを忘れないために鏡板に影向の松が描かれているわけです。

鏡板の松は舞台によって様々で、能舞台ごとの個性がもっとも現れるところです。金剛能楽堂の鏡板は円山応挙の弟子である巌城清灌《いわきせいかん》の筆で、四条室町の旧金剛能楽堂からの移築です。絵の下地に金箔が施されており、その箔が松の葉の縁を象っているため、松が柔らかく光を放っているような趣があります。能楽師は皆そうだと思うのですが、自分にとってホームグラウンドの舞台の鏡板を眺めているとどことなく安心いたします。

そのほか、金剛能楽堂の舞台にのみ見られる特徴としては、橋掛りの奥に幕から舞台まで続く青海波の意匠です。これはかつて御所の中に存在した能舞台にも同様の青海波の意匠があったと聞いており、私の高祖父である禁裏御用の能役者であった金剛謹之輔が明治期に四条室町に舞台を建設した際、禁裏の舞台と同様の意匠を用いることのお許しを宮中より得たことにより、旧金剛能楽堂の橋掛りの後ろに青海波の意匠が用いられました。その後、現在の金剛能楽堂にも同じかたちで引き継がれています。さりげないポイントですが、現在の金剛流の成り立ちにおける歴史的な意味を反映した一つの特徴となっています。

現在の舞台の枠組みである屋根、柱、框《かまち》などの木材は、四条室町の旧金剛能楽堂創建当時のものを用いておりますため、明治期の木材です。本舞台の床板は舞台の永年の使用でどうしても板の割れなどが生じるため張り替えが必要です。現在の舞台板は五十年ほど前に新しい材に替えられたものです。

能舞台は、日頃から拭き掃除をすることで手入れをしております。舞台へは白足袋で上がりますから、掃除を怠りますと足袋の裏が黒くなり、すぐにわかってしまいます。また、「ハコビ」と呼ばれる能での歩行法は摺り足であるため、極端にツルツル滑る舞台も困りますが、舞台板の滑りが悪いのも都合が悪いため、おからや糠、時には豆乳を薄く希釈したものなどで拭き、舞台の表面にわずかに油分の層をつくることで滑りを良くします。年末の大掃除の際には流儀の若手能楽師総出で行い、私も毎年力を入れて舞台を拭かせてもらいますが、能舞台と向き合い、役者として舞台へ感謝の念を新たにする大事な時間となっています。

龍謹雑録　流儀の舞台がある有難さ

これまで父の舞う《石橋《しゃっきょう》　和合連獅子》のツレ（赤獅子）を数えきれないほど勤めてきましたが、その披き《ひら》（初演）は、新金剛能楽堂の開館記念公演（２００３年）でした。《石橋》は橋掛りでの型が重要で、しっかりした橋掛りのある舞台でなければ十分な稽古はできません。旧能楽堂が取り壊され新能楽堂完成までの間、父と中学生だった私は京都 修学院にある関西セミナーハウスの能舞台を夏休みの間お借りしてこの舞台に炎天下のなか連日通い、浴衣を汗だくにしながら最後は立てなくなるまで繰り返し舞い、能楽堂建設事業で多忙を極める父に相当な時間、稽古をつけてもらいました。父に感謝すると同時に、流儀の舞台があることの有難さを身をもって実感する機会となりました。

ちなみにこの関西セミナーハウスの能舞台は、明治期に金剛謹之輔が世話役を勤めた豊国廟での豊公三百年祭能で、東西を代表する各流の能役者たちをはじめ、金剛右京、金剛謹之輔、平瀬露香らが能を演じた舞台を移築したものです。後年になってそのことを知り、時代を超えたご縁を感じたものでした。

第二章 四季の能

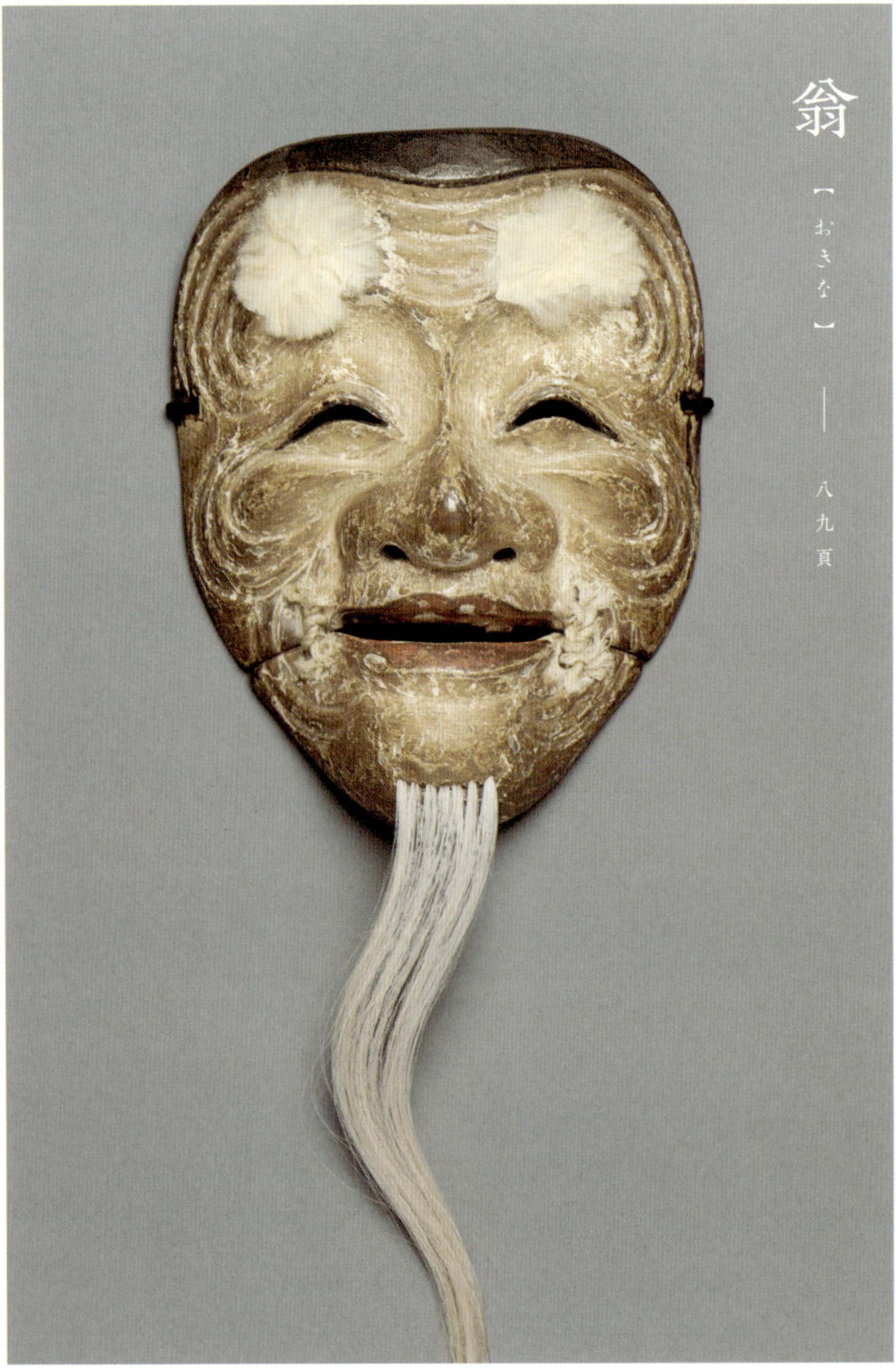

白式尉　日光作　室町時代

《翁》

竹生島【ちくぶしま】

—— 九四頁

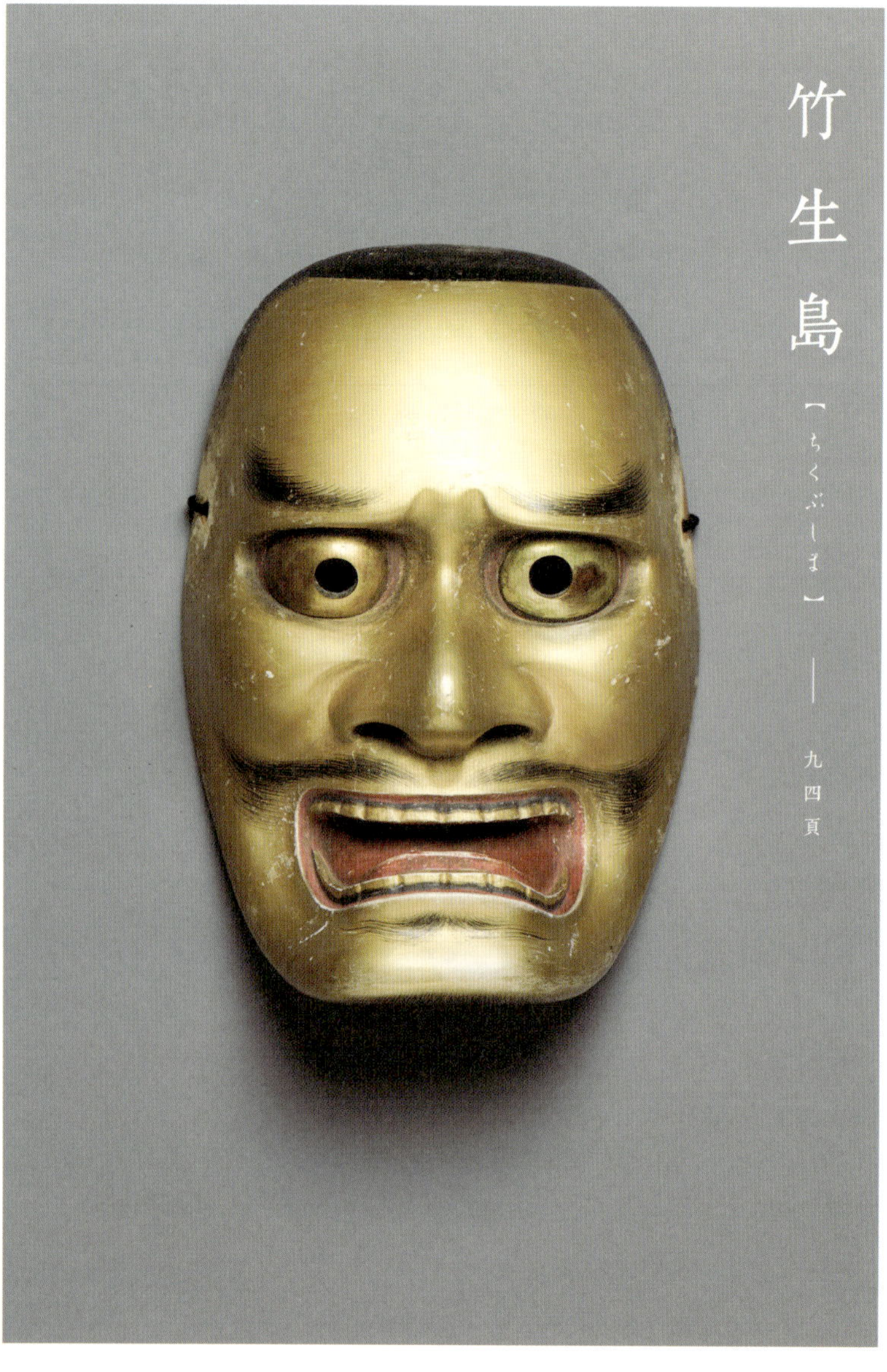

泥黒髭　近江作　江戸時代

《竹生島 女体》後場　弁才天（後シテ）龍神（後ツレ）

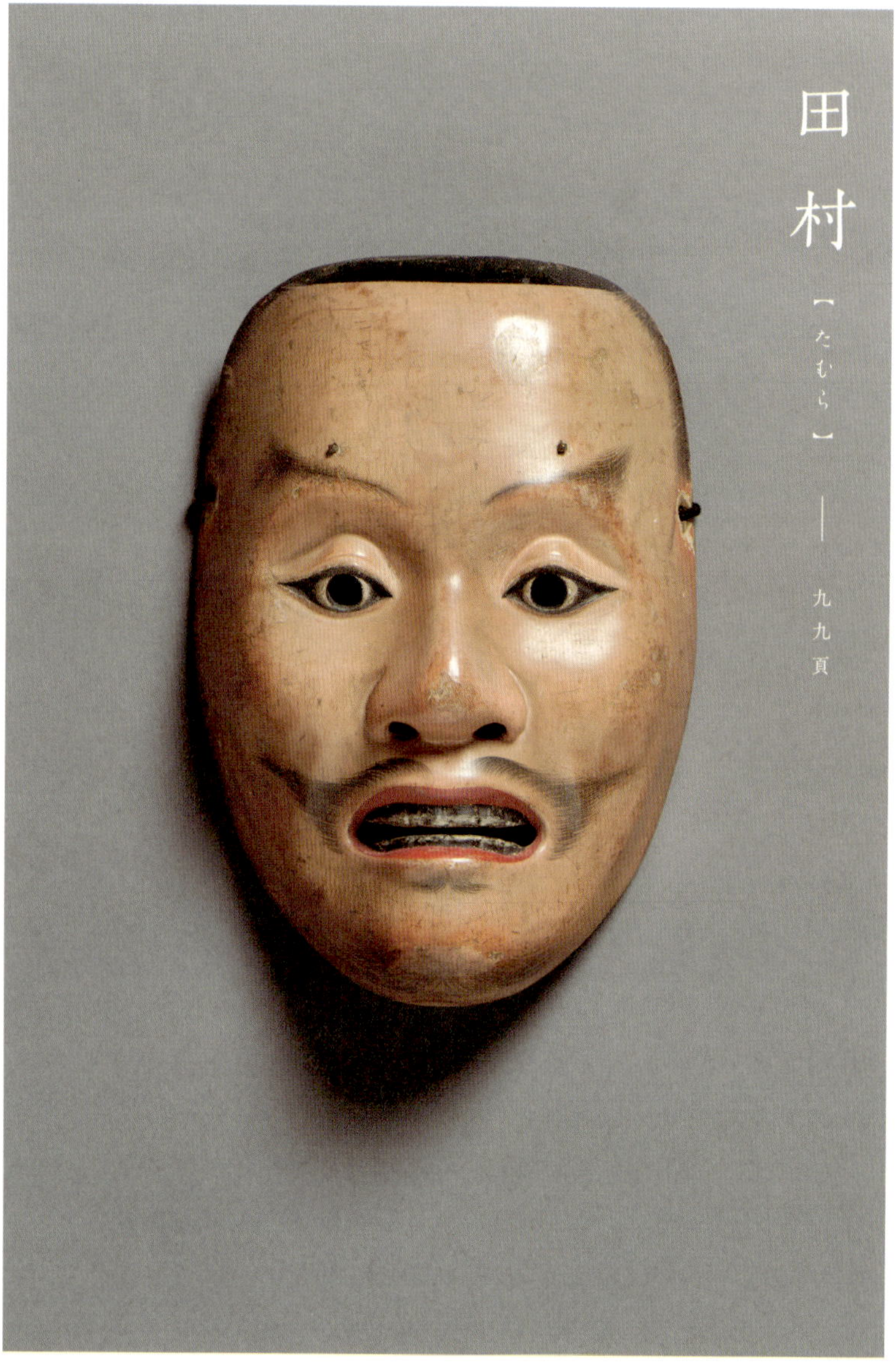

赤平太　春若作　室町時代

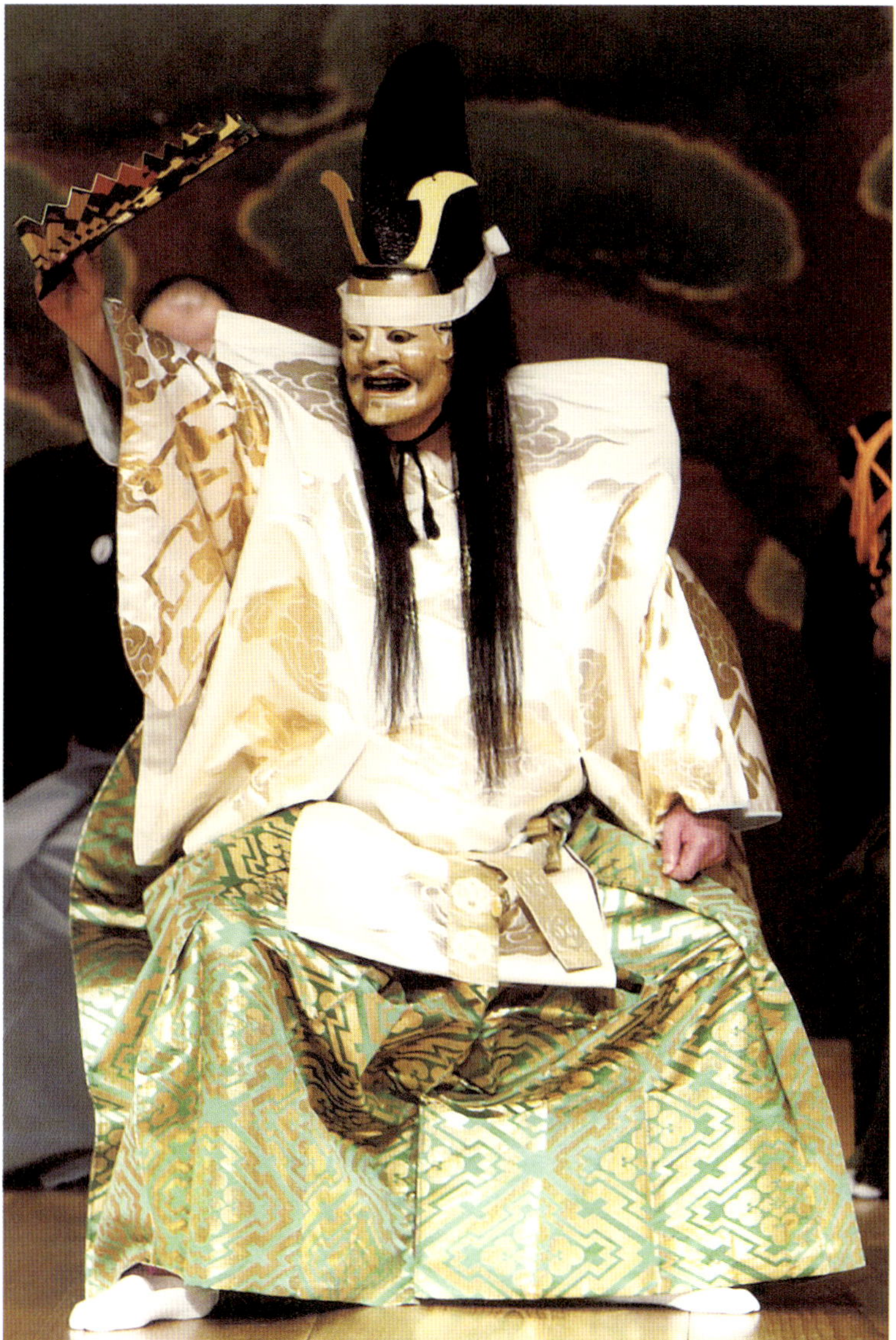

《田村　長床几》後場　坂上田村麻呂（後シテ）

羽衣を身に着けた天人（シテ）

裳着胴姿の天人（シテ）

《道成寺》前場　白拍子（前シテ）

《道成寺　古式》後場　蛇体（後シテ）

般若　赤鶴作　室町時代

般若　作不詳　室町時代

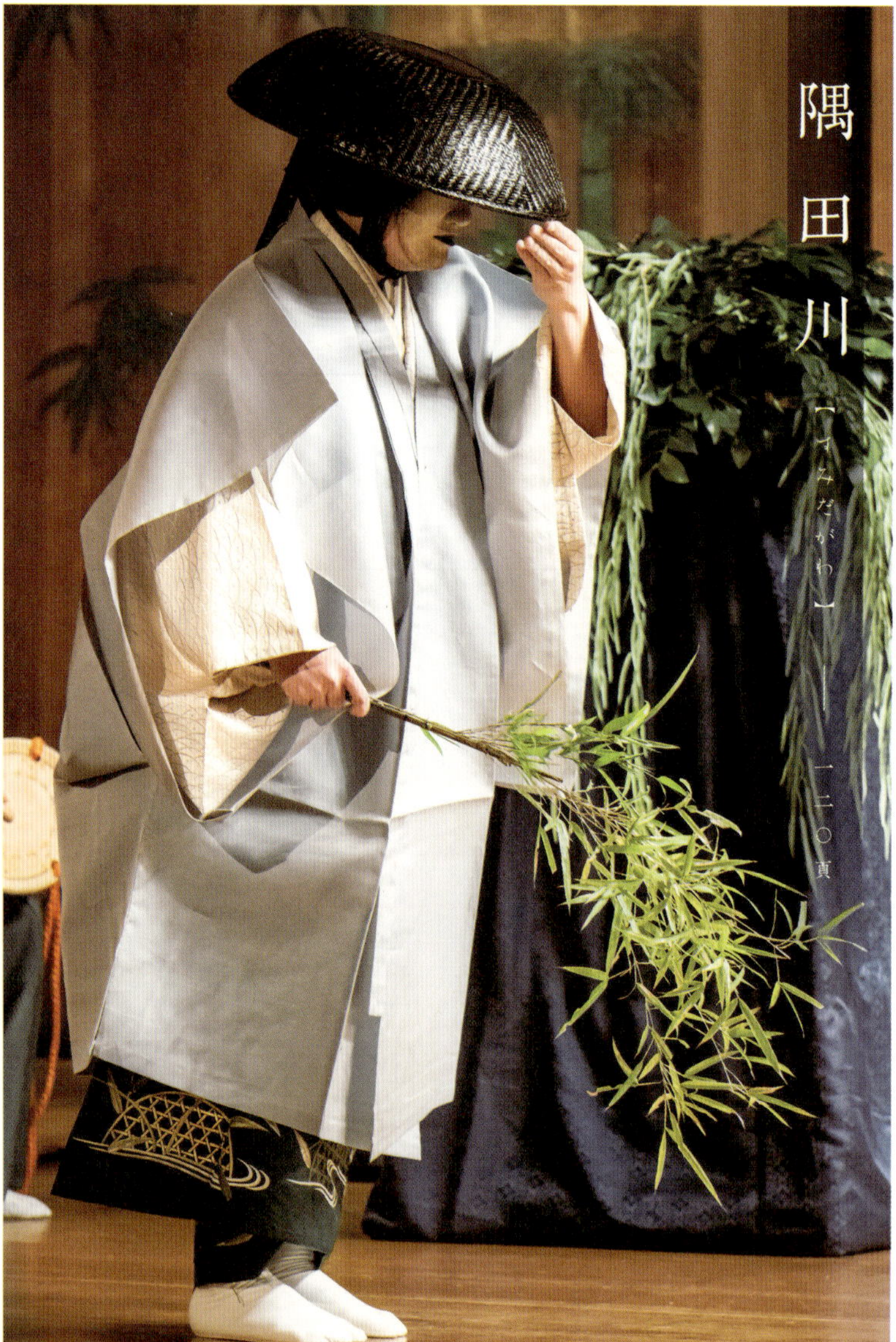

人商人にさらわれたわが子・梅若丸を狂乱しながら探す母（シテ）

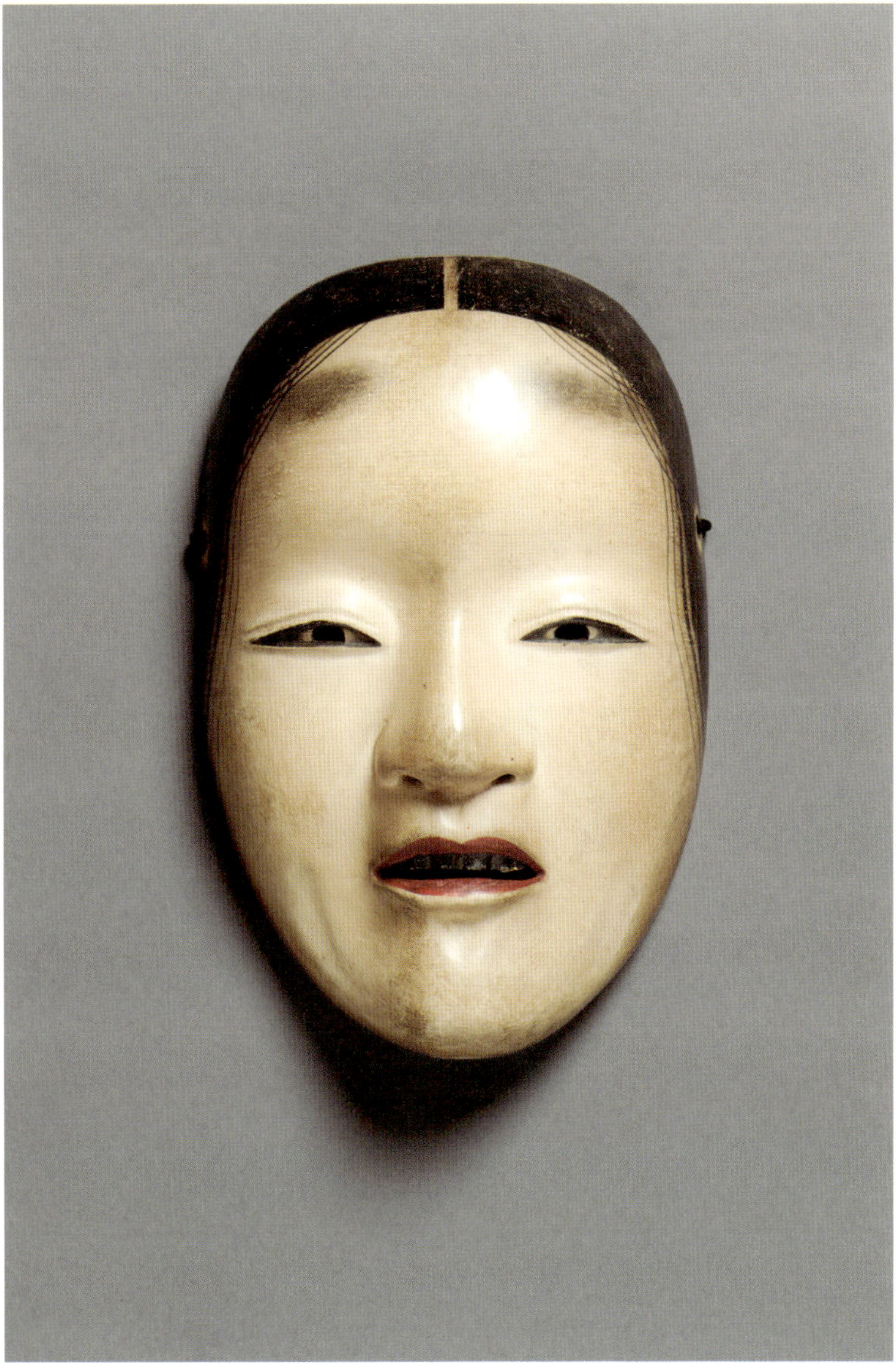

曲見　河内作　江戸時代

杜若【かきつばた】

一二六頁

雪の小面　龍右衛門作　室町時代

花の小面　龍右衛門作　室町時代　重要文化財　三井記念美術館蔵

《半蔀》後場　半蔀の向うにたたずむ夕顔女（後シテ）

加茂【かも】

— 一三七頁

《加茂》後場　別雷神（後シテ）の影向
《加茂》前場　川辺にたたずむ里女たち（前シテ・前ツレ）

《鵜飼》前場　鵜使の老翁（前シテ）

《鵜飼》後場　閻魔大王（後シテ）

《枕慈童　前後之習》前場　山中に置き捨てられた慈童（前シテ）
《枕慈童　前後之習》後場　酈県山にて700年の齢を経た慈童（後シテ）

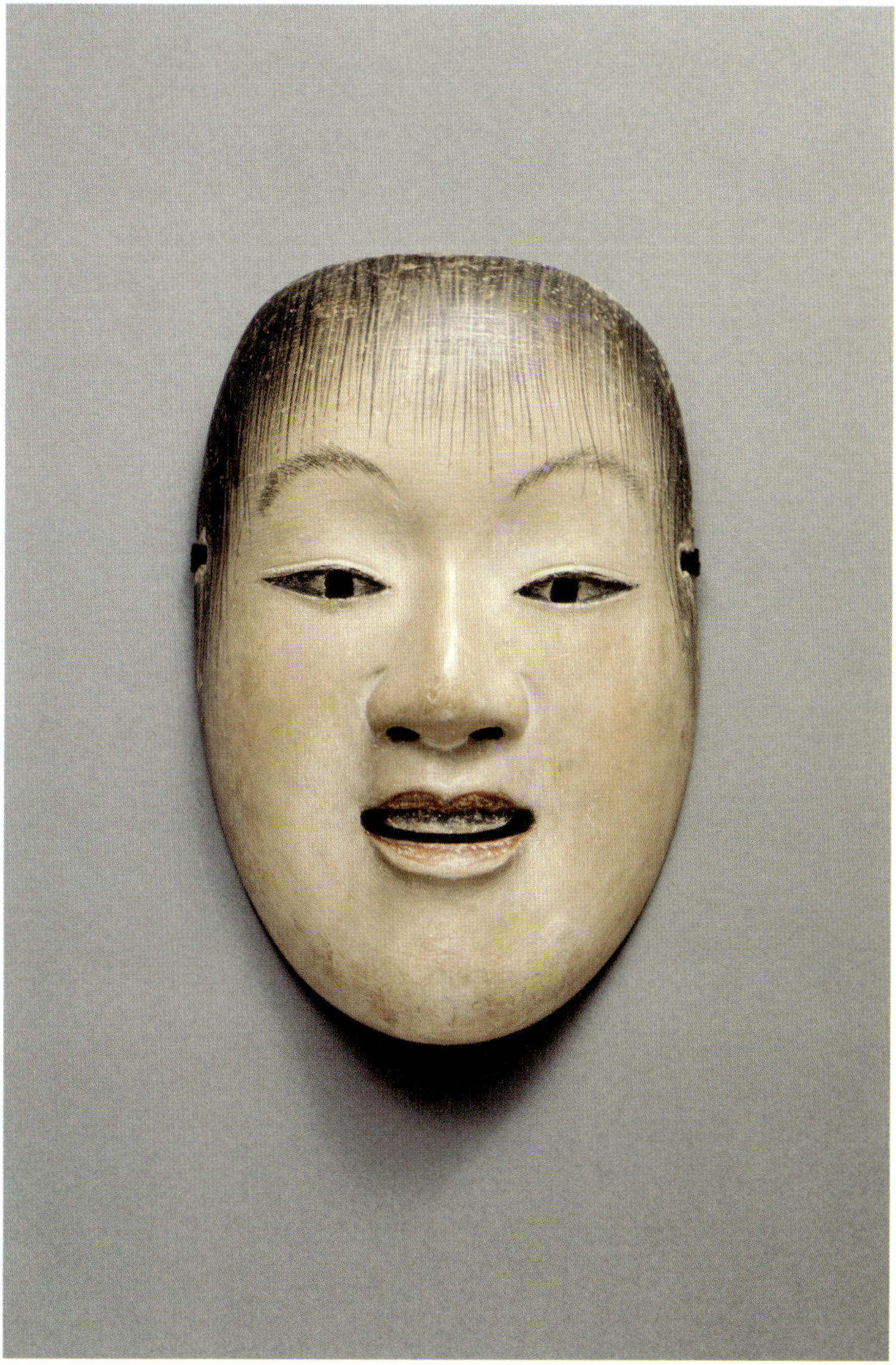

童子　千種作　室町時代　重要文化財　三井記念美術館蔵

《松風》　汐汲みをする松風（シテ）

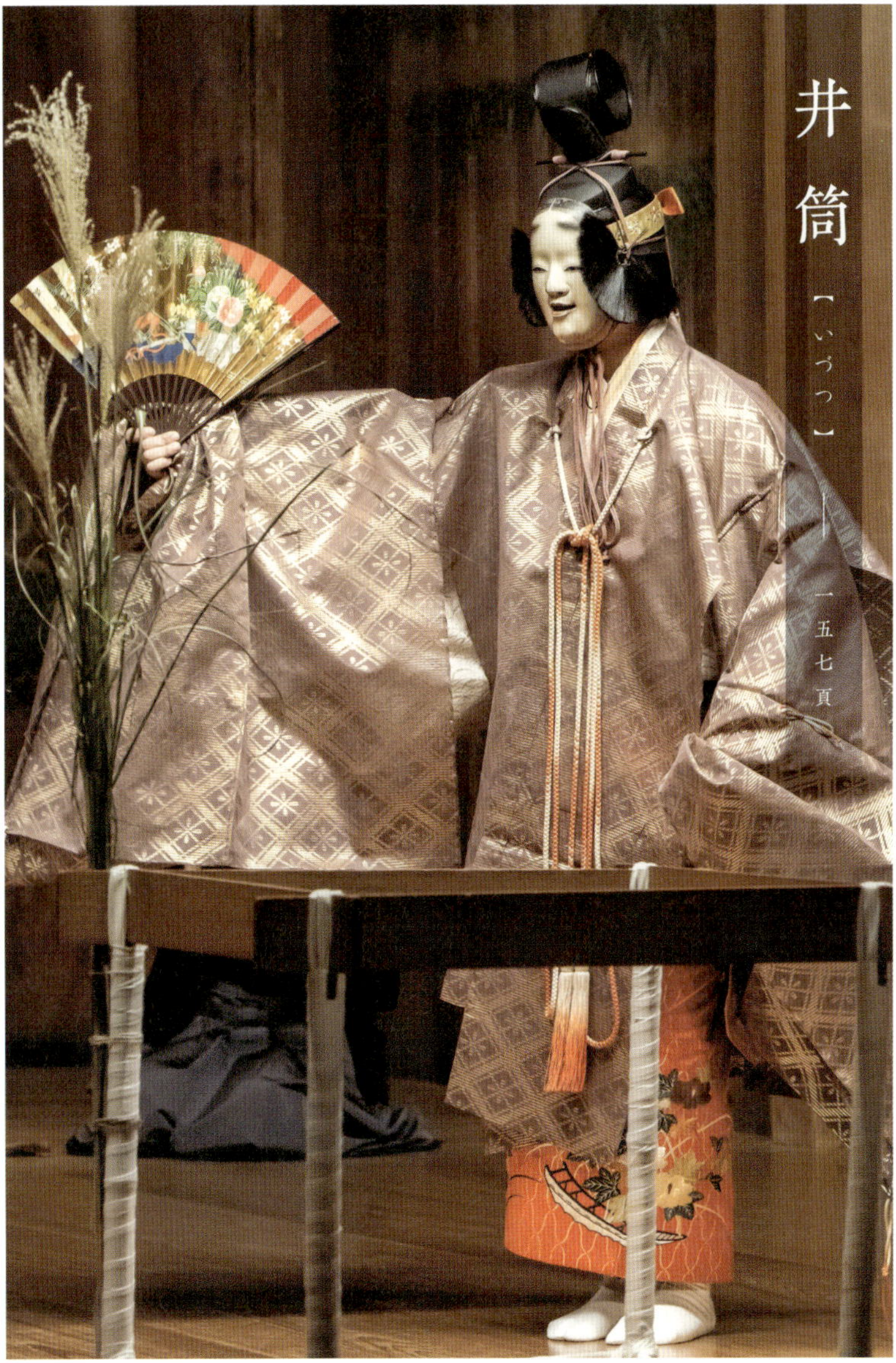

《井筒》後場　井筒に駆け寄る紀有常の女（後シテ）

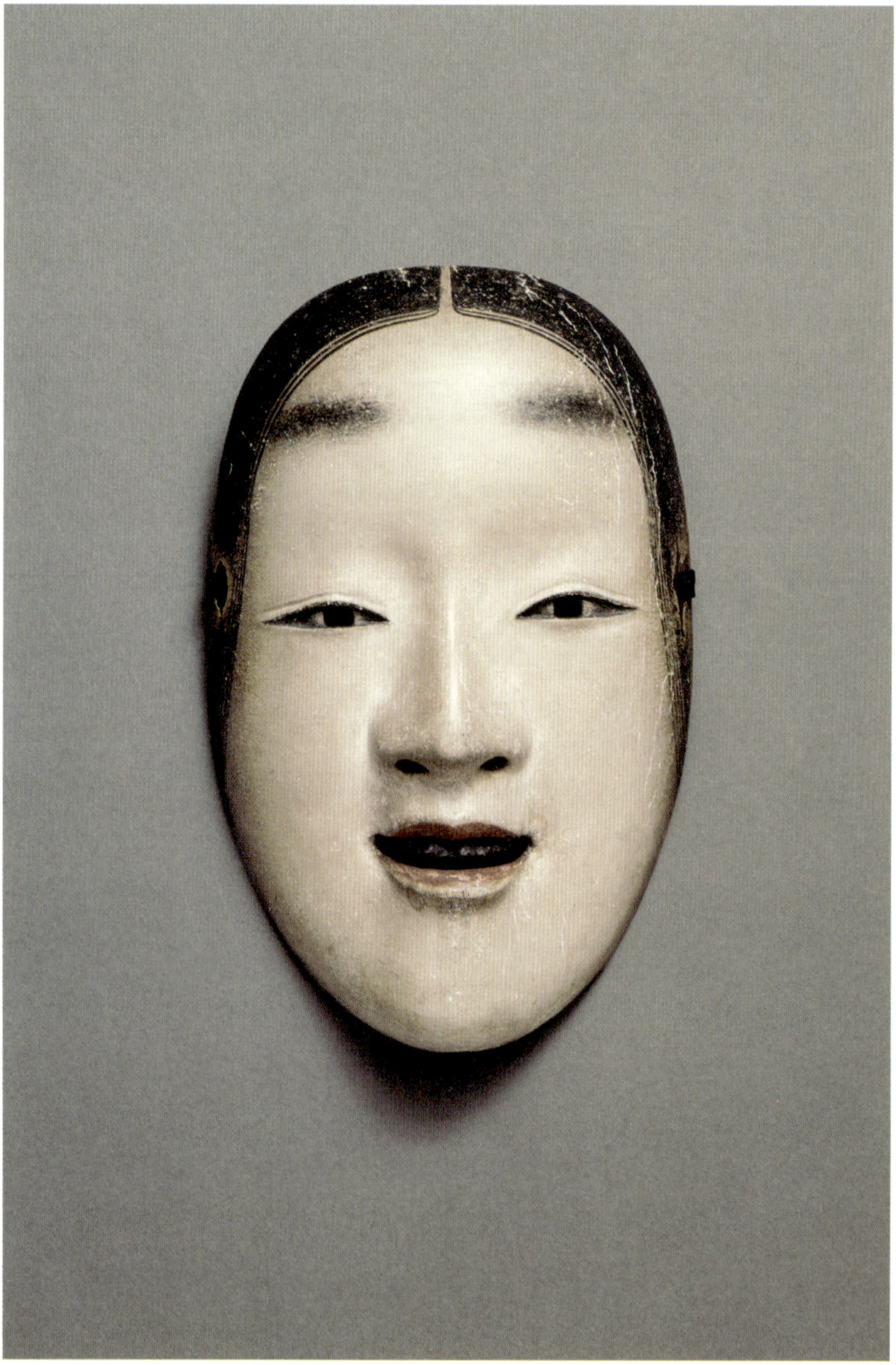

孫次郎（オモカゲ）　孫次郎作　室町時代　重要文化財　三井記念美術館蔵

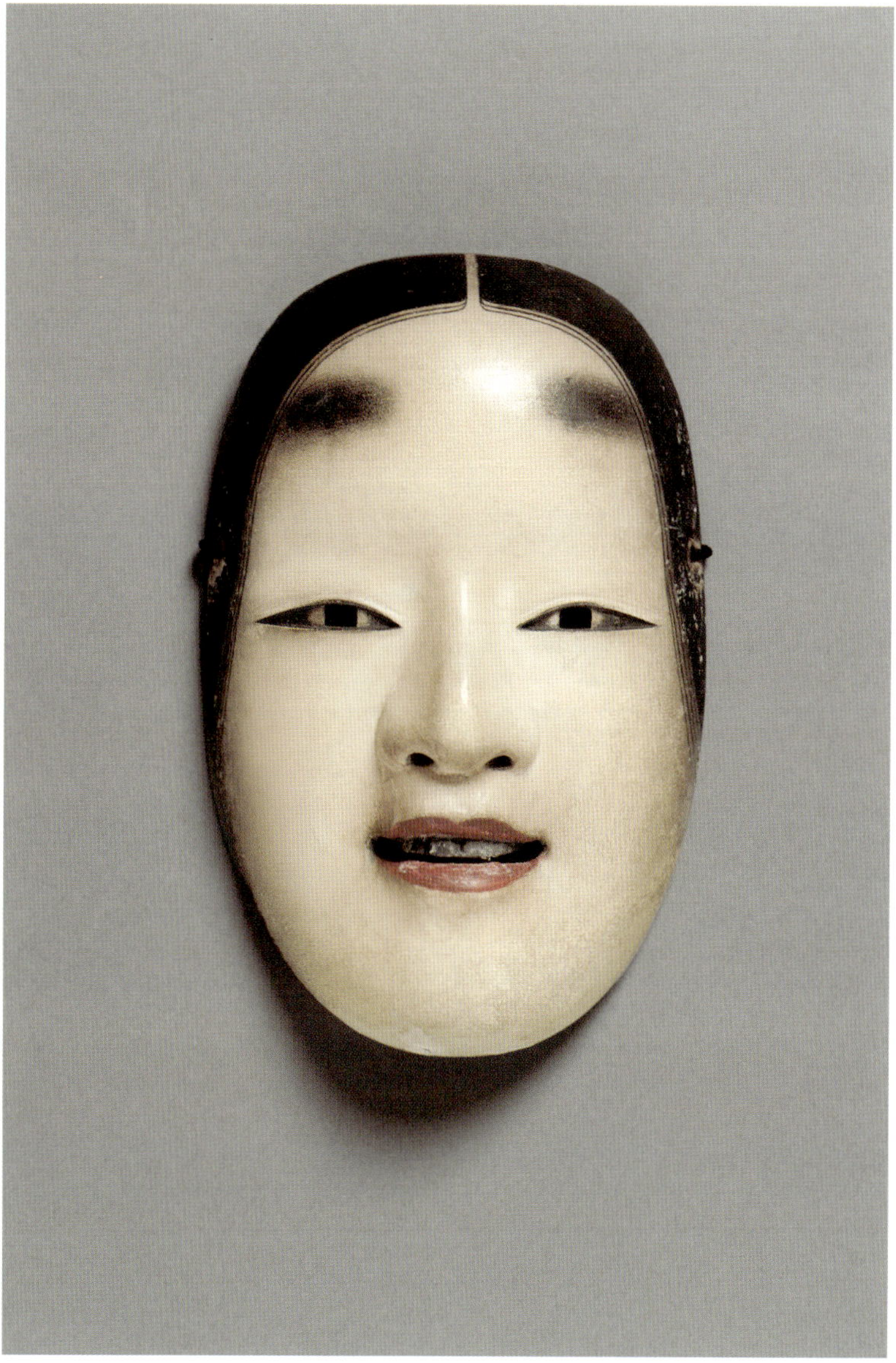

孫次郎　河内作　江戸時代

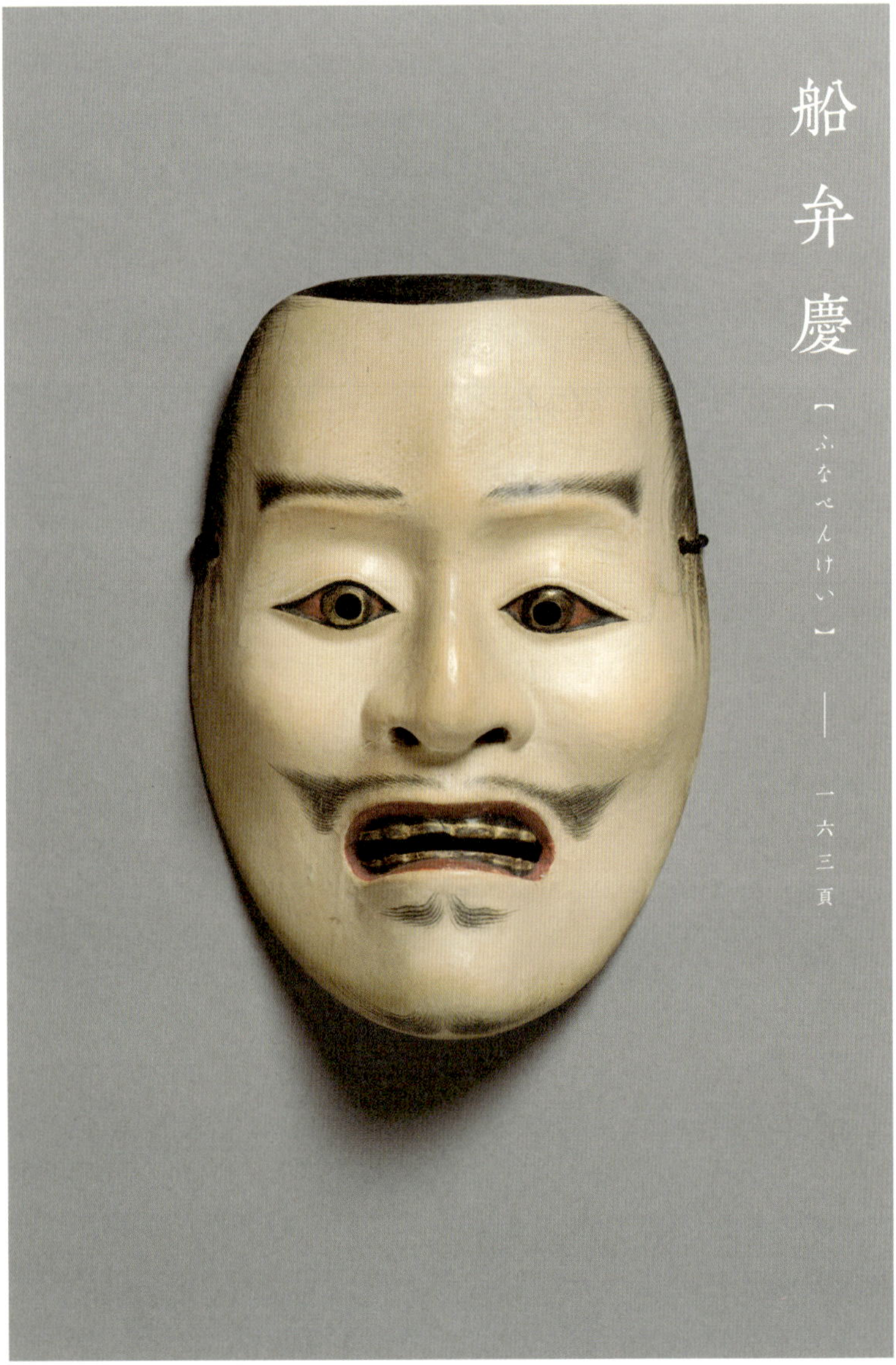

船弁慶【ふなべんけい】

— 一六三頁

怪士　徳若作　室町時代

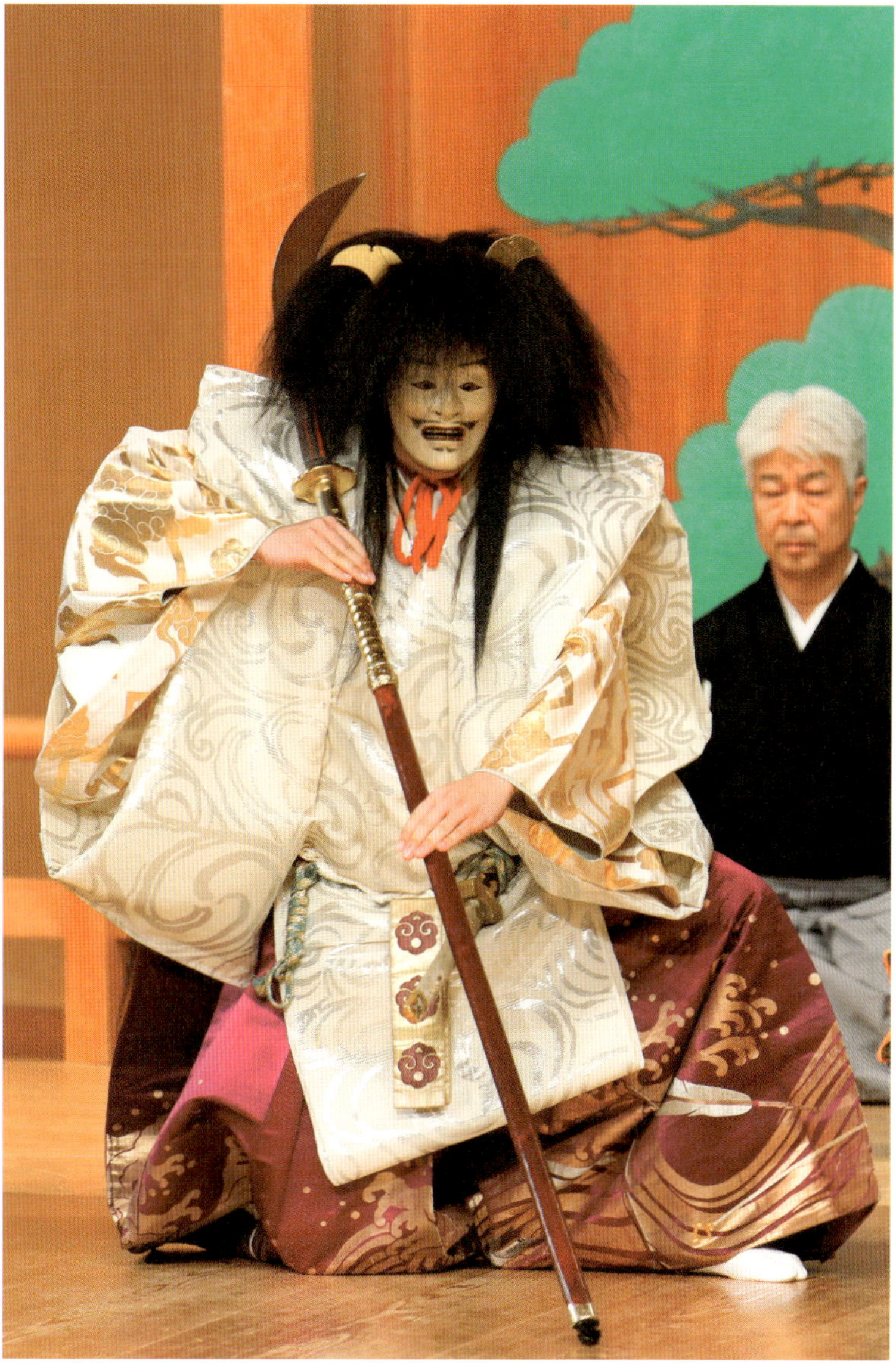

《船弁慶》　後場　平知盛（後シテ）

《鉢木》前場　佐野源左衛門常世（前シテ）
《鉢木》後場　主君最明寺時頼の御前に参上した佐野源左衛門尉常世（後シテ）

翁

【おきな】

――六〇頁

《翁》は、「能にして能にあらず」と言われます。テーマは「天下泰平・五穀豊穣《ごこくほうじょう》」の祈り。能は様々な説話や神話などを題材として作り出されたおよそ二五〇曲を数える演劇ですが、中でも《翁》は演劇的なストーリーは希薄であり儀式的な性格が濃厚な演目です。「とうとうたらりたらりら　たらりあがりららりどう」という呪文のような詞章から演能がはじまり、一曲を通して泰平を祈る祝福の言葉の中に明確な意味を解することのできない詞章が織り交ぜられています。しかし、われわれ能楽師はその解読し難い詞章に疑いを指し挟まず祝言儀式の気持ちでこの演目を勤めます。《翁》では三人の役者によって祝福舞が舞われます。まず狂言方の千歳による若者の露払いの舞、この千歳の役は観世・宝生流の演能ではシテ方が勤めます。その後、翁による天下泰平祈願の舞、そして狂言方の三番三（狂言和泉流では三番叟）による五穀豊穣祈願の舞です。《翁》は新年に上演されることが多く、私が主に活動している京都では元日の平安神宮奉能、正月三日の八坂神社奉能をはじめ、新年を迎えた全国各地の能舞台で毎年《翁》が上演され、年頭にあたり、この一年が平和で豊かであるよう祈念して舞台を勤めるのです。

この《翁》を勤める役者は舞台当日までの一定期間、精進潔斎《しょうじんけっさい》をし、肉類を食べることはありません。そして「別火《べっか》」という家族たちとは別の火を用い生活します。当日の楽屋でも翁の役を勤める大夫があたる火鉢に別火と書いた紙を貼り、他の役者はその火鉢に寄ることはありません。鏡の間には「翁飾り」と呼ばれる祭壇を組み、翁飾りと役者、能舞台に火打ち石で切り火をします。そして舞台に出る直前には各役者が盃を受けお神酒を飲み、洗米を一つまみ口に入れ、塩を一つまみ身体の左右にかけ舞台に臨みます。これらはすべて《翁》の神聖な舞台にあたって心身を浄めるためのものであり、《翁》という曲に対する特別な思いを、われわれ能楽師は今も持ち続けています。

《翁》が特別な演目になった理由は能楽の歴史に深く関わりがあります。

奈良時代のはじめ、シルクロードを経由して中国から曲芸や軽業《かるわざ》・奇術・物まねなど様々な技芸を見せる「散楽《さんがく》」が渡来しました。「散楽」は、能のルーツと言われ、地方の寺社の保護を受け各地で演じられるようになりました。その後「サンガク」が訛って「サルガク（猿楽）」と呼ばれるようになります。当時、南都の主要な寺院では国家安寧・五穀豊穣を祈る国家的宗教行事として、修正会《しゅうしょうえ》・修二会《しゅにえ》が大規模に行われました。東大寺　二月堂で行われているお水取りは今に続く修二会です。これらの法会では呪師《しゅし》と呼ばれる僧侶が鬼を鎮めるパフォーマンスを行っていましたが、やがて猿楽役者がこれを担うようになります。これは呪師猿楽と呼ばれ、やがて老翁の神がいずこより現れて祝福をもたらす舞も演じられるようになります。これを翁猿楽といい、現在の《翁》のルーツになったとされております。

《翁》は古来《式三番》とも呼ばれ、これは現在の千歳・翁・三番三のかたちに定まる以前に、父尉・翁・三番猿楽（三番三）の三人の老体の神が舞う構成であったためだと言われます。世阿弥は『風姿花伝』の中で、村上天皇の時代に秦河勝《はたのかわかつ》の子孫である秦氏安が猿楽六十六番のうち三番を選び式三番と定めたと記述しています。このように能の成立よりはるか昔に起源をもつ《翁》は、多くの伝承の中にその古態の面影を残しつつも、現在の姿に至るまでの成り立ちの多くは謎に包まれており、古に思いを巡らせる歴史のロマンをわれわれにもたらしてくれています。

江戸時代には、能は幕府の式楽として武家に欠かすことのできない芸能となります。この頃に「五番立《ごばんだて》」という上演形式が確立します。能のすべての演目は五種類に分類され、初番目物（脇能）は神の能、二番目物（修羅物）は源平合戦の軍体能《ぐんたいのう》、三番目物（鬘物《かずらもの》）は優美な女能、五番目物（切能《きりのう》）は鬼の能、四番目物（雑能《ざつのう》）は上記以外の能となります。そして演能の形として正式とされるのが、《翁》から始めて初番目物から五番目物まで一番ずつ上演する五番立の上演形式で行うものです。現在では五番立の公演はあまりに大がかりであるため毎年二月に国立能楽堂で催される式能ぐらいしか機会はありませんが、その式能においても最初に上演される《翁》をもっとも重要な役として各流の宗家が交代で勤めています。

《翁》の面

ここで《翁》で用いる能面についてお話ししようと思います。能面の種類は大まかには約70種類、細かく分類しますと約二五〇種類に及び、その中で翁面に分類される白式尉《はくしきじょう》・黒式尉《こくしきじょう》・父尉《ちちのじょう》・延命冠者《えんめいかじゃ》の四面が《翁》に用いられます。能面の種類は室町時代後期から安土桃山時代の頃に一通り出揃ったと言われていますが、翁面は他の能面に先立ち鎌倉時代末期には成立していたと思われます。

翁面は他の能面には見られない特徴があり、丸く植毛されたボウボウ眉と言われる眉毛、延命冠者以外の三面は下顎の部分を切り離し紐で結びつけた「切り顎《あご》」である点など、能面成立以前の古態の面の姿を残しています。

通常の演能であれば能面は幕の中でかけてから舞台に登場しますが、《翁》では翁と三番三を演じる役者は舞台に能面をかけずに現れ、観客の前で能面をかけ、舞い終わると舞台ではずして幕へ帰ります。能楽師にとって翁面はいわば神体であり、ただの人間であるわれわれ役者は翁面をかけることで面の持つ力を身に受けることができます。神体である翁面をかけることで役者が神に変身し、また面をはずすことで人間へと戻っていくという一部始終を観客は目の前で見ることになります。日本に限らず世界各地でも、仮面には呪術的な力があると古くから考えられてきましたが、能においてもまさに翁面には神秘的な魅力を感じずにはいられないのです。

龍謹雑録　金剛家の初面《はつおもて》

シテ方の能楽師は演能の際に能面を用いて舞台を勤めますが、子方の時分や修行の最初期には能面をかけることはありません。能楽師が能面をかけて舞台を勤めるようになるのは元服する15歳前後からであり、その後は大人と同じように能面をかけての修行となるのです。この初めて能面をかける舞台のことを「初面」と呼んでおりますが、私ども金剛の家では初面に《翁》をあてることにしております。これは《翁》が厳粛で意義深い能楽師の元服の式にふさわしく、また祝言儀式であるため、技術の巧拙によってその舞台の価値が損なわれるものではないためです。

竹生島

【ちくぶしま】

―― 六二頁

能楽の演目には題材となった神社仏閣や史跡が今も存在することが多く、私たち能役者はそういった場所をできるだけ実際にたずねております。舞台を勤めるにあたって演目の歴史や背景を知ることは大切なことであり、現地を訪れたからといって舞台の技術が向上するわけではないのですが、現地を訪れることでその演目への思い入れが一層強くなり、またその演目で伝えるべき世界観に初めて気付くこともあります。能楽は奈良を中心として畿内で成立しているため演目のご当地は関西圏に多くあり、京都に住む私にとってはありがたいことです。

能の初番目脇能物である《竹生島》は天下泰平を祝福する神能《かみのう》であり、琵琶湖北部に浮かぶ湖で二番目に大きい竹生島が舞台となっています。竹生島には日本三大弁才天に数えられる弁才天を本尊とする宝厳寺《ほうごんじ》と、弁才天を御祭神とする都久夫須麻《つくぶすま》神社が鎮座しており、私も以前に就航船で琵琶湖の北西岸の今津港から出航して竹生島へ参詣し、北東岸の長浜港へと戻りました。謡曲さながらの山紫水明の春の眺めは何とも心地よく、またかつて手漕ぎ舟で渡していたその長閑な情景を想像しつつ、能《竹生島》の作られた時代の能役者たちもこの景色を眺めていたのかと思いをはせました。

《竹生島》には湖上の春の情景を表現する有名な謡の一節があります。

緑樹影沈んで　魚木にのぼる気色あり。

月海上に浮かんでは　兎も波を走るか　面白の浦の景色や。

鮮やかな美文のこの謡は「緑の木々の影が湖面に映り、魚が木に登るかに見える。湖上に月影が映り、月に住む兎も波の上を走るようで、何とも面白い浦の景色だ」と解釈できるでしょうか。この謡をもとに戦国時代から江戸時代初期にかけて「波兎文様」と呼ばれる波に兎の意匠が生まれ、工芸品や染織品に取り込まれて謡とともに流行したそうです。

あらすじ

醍醐天皇の臣下（ワキ）が竹生島に参詣するため志賀の山を越えて琵琶湖畔に出、近くで釣舟を漕いでいた漁翁（前シテ）を呼び止め便船を願います。漁翁は渡し舟ではないからと一度は断りますが、竹生島参詣の由を聞いて臣下を舟に乗せ、湖上に漕ぎ出します。のどかな春の湖上より比叡山や比良連峰の春景色を眺め、やがて舟は竹生島へ到着します。漁翁の案内で参詣する折、漁翁に伴う若い女人（前ツレ）も同行するので、この島は女人禁制ではないのかと臣下はいぶかしがります。漁翁は、「弁才天は女体の神であるから特に女人こそ参詣すべきとされているのだ」と島の由来を語り、臣下の疑問を解きます。そして女人は自分は人間ではないと言い残して社殿の内へ、漁翁もこの湖の主であると告げて水中に消えます。やがて社殿が鳴動し、中から弁才天（後ツレ）が姿を現し美しい舞を舞い、湖中より龍神（後シテ）が出現して臣下に金銀珠玉を捧げ、国土安穏を誓います。そののち、弁才天は社殿へ入り、龍神は龍宮へと帰っていくのでした。

龍神の面「黒髭《くろひげ》」

《竹生島》だけでなく《春日龍神》《和布刈《めかり》》などの龍神の役には、力強い彫、大きく見開いた眼、下顎を突き出した精悍な表情の中に龍神の力強さを感じさせる「黒髭」という面が用いられます。通常の「黒髭」が黄土色の肌なのに対し、金泥彩色《さいしき》が面全体に施されている「泥《でい》黒髭」には一層の神々しさが感じられます。なぜこの面を「黒髭」と呼ぶかについては諸説あり、口元から耳の方へ流れる毛描きによるもの、顔全体の暗色と髭の黒が融合し薄黒い面ができていることによるものなど様々です。特に面白いと思われる説は、黒髭の面に顎髭が生えていたのだという説でしょう。観世宗家本面の「黒髭」には、現在は剃り落とされていますが、かつて植毛されていたらしき毛穴が残るとされ、同様の植毛の痕跡が他の「黒髭」の古面からも見つかれば信憑性が出てくるように思われます。

小書《こがき》「女体《にょたい》」の誕生秘話

この能の後ツレである弁才天はもともとインドの河川の神であり、日本でも湖や海など水に関係するところで祀られております。また、川の流れる水音が音楽に通ずるとされ、音楽の神・芸能の神としてもなじみがあります。《竹生島》の通常の配役は、前シテが漁翁、後《のち》シテが龍神となり、前ツレが女、後ツレが弁才天ですが、《竹生島》が弁才天を主題とした能であるため「女体」という小書で演じられることがあります。《竹生島》「女体」の小書は江戸期に金剛流と喜多流において作られました。この小書がつくと、後場において常はシテである龍神がツレとなり、ツレである弁才天がシテとなります。舞の型も著しく変化し、弁才天の舞は通常よりも重厚なものになります。ただ、前場は金剛流と喜多流では演出が大きく異なり、金剛流では常のシテである漁翁がツレとなり、弁才天の化身である女がシテに変わるのに対し、喜多流では漁翁がシテ、女がツレのままなのです。このように、同じ「女体」という名前の小書ではありますがその内容は大きく異なり、そしてこの小書が作られた経緯も全く異なります。

江戸時代、大名は武将や為政者であるにとどまらず、一流の文化人でなければなりませんでした。幕府は式楽《しきがく》である能を各大名家に奨励し、大名家はおのおの藩で四座一流の宗家の分家、ないしは弟子家の能役者を召し抱えるようになりました。中でも文化水準の際立って高かった近江国（滋賀県）彦根藩の井伊家は喜多流を抱えていました。藩主であった大老・井伊直弼《なおすけ》は、居合《いあい》に一流を編み出したのは武人の本業としても、禅は悟道の允許《いんきょ》を得、茶道では多くの著書を遺し、国学にも深い造詣がありました。琵琶湖の竹生島弁才天を深く信仰していた直弼は、《竹生島》のシテを弁才天とする新しい演出を作りました。それを受けて、彦根藩お抱えであった喜多流では「女体」という小書として、その後も演じるようになったと言われています。さらに直弼は新作の狂言《安達女《あだちおんな》（鬼が宿）》を作り、秘曲《狸腹鼓《たぬきのはらつづみ》》を復曲させています。

一方、金剛流で「女体」の小書ができた理由は異なります。江戸時代、宗家が能のシテを勤める際には常にツレを勤める、ツレ家と言われる代々の能役者の家があり、金剛座においては長命《ちょうめい》という家が代々ツレ家を勤めました。室町時代の畿内には現在の能楽の源流である大和猿楽四座をはじめ、丹波猿楽や近江猿楽など各地に猿楽座がありました。そのころ、長命家は山城国（京都府南部）の猿楽座の長であったようです。桃山期、能の熱烈な庇護者であった豊臣秀吉によって各地の猿楽座は大和四座の中に統合されてゆき、長命座は金剛座に組み込まれ、金剛座のツレ家になったと言われています。いつもツレを勤めてくれている長命家に、シテの役を舞わせてあげようと作られたのが金剛流の《竹生島 女体》です。明治維新後、幕府が消滅することで武家の庇護を失った能楽界は窮乏し、長命家も能の家としては残念ながら断絶してしまいました。しかしながら《竹生島 女体》は、金剛流のツレ家の長命家の名残をとどめる演目として、現在も流儀として大事に扱っております。

田村

【たむら】——六四頁

《翁》に伴って上演される初番目物（神能・脇能）に続き、二番目物として上演される修羅能と呼ばれる演目群があります。修羅能は『平家物語』などに描かれる源氏・平氏の武者について取り上げた演目が大半であり、生前に戦で人を殺《あや》めた武人が死後に六道（天道・人間道・修羅道・畜生道・餓鬼道・地獄道）のひとつである修羅道に堕ちたさまが劇中で描かれることから、修羅能という名で呼ばれます。その中で能《田村》は、清水寺の縁起譚と坂上田村麻呂の武勇譚を描く「祝言《しゅうげん》の修羅」と呼ばれる、異色の修羅能となっています。

あらすじ

桜の舞い散る京の清水寺に東国の僧（ワキ）が従僧とともに赴くと、境内にたたずんでいた萩箒を持つ花守姿の童子（前シテ）が僧の問いに答えてのどかな春をめでながら寺の来歴を語り、あたりの名所の数々を伝え、山の端から昇る月を愛でながら境内の田村堂内陣に消えます。夜となり、経を唱えている僧の夢に坂上田村麻呂の霊（後シテ）が在りし日の武将姿で現れ、東夷征伐の際、鈴鹿山の合戦で兇徒を平らげた戦功を語り、これは清水の観音の功徳であったと讃えるのでした。

田村麻呂の功績と清水寺の縁起

古来、日本には東北の蝦夷《えみし》、九州南部の隼人《はやと》などといった大和朝廷の支配を拒み、異なる文化を持った民族が居住しており、大和朝廷との間に交易などの交流があった一方、軍事的な衝突も繰り返されていました。奈良・平安時代において、そうした朝廷にまつろわぬ民である東北の蝦夷を討伐するために任じられた朝廷の官職が征夷大将軍であり、特に坂上田村麻呂の武勲は際立った戦果として大きな名声を得ました。また後の奥州藤原氏征討にあたっては田村麻呂の功績を吉例として源頼朝が征夷大将軍に任じられ、鎌倉幕府を開府し武家政権を形作って以降、征夷大将軍は徳川十五代将軍 徳川慶喜の大政奉還まで実質的な日本の最高権威となりました。

清水寺は、僧 延鎮《えんちん》が千手観音像安置のため草庵を開き、坂上田村麻呂が鹿狩りの際に訪れたことが縁となって仏閣が建立されました。東征を命じられた田村麻呂は武運祈願のため清水寺を詣でて戦に赴きます。蝦夷の長の阿弖流為《あてるい》・母禮《もれ》は数で劣りながらも大和朝廷の軍勢を大いに苦しめる優れた統率者でしたが、やがて追い詰められ坂上田村麻呂に降伏し、京都に送られたのちに田村麻呂の助命嘆願もむなしく処刑されました。二人の鎮魂、またこの蝦夷征討をめぐって失われた多くの命を供養するため整備されたことが清水寺の縁起とされます。

坂上田村麻呂は、その東夷征伐の功績の大きさゆえ後に神格化され、史実とかけ離れた様々な伝説が各地で作られました。そのひとつが鈴鹿山の鬼退治。東海道の難所であり要衝であった鈴鹿峠は、古くは山賊の出没により往来の人々を悩ませており、またその山賊の恐ろしいイメージはやがて鬼として人々に認識されることとなります。そこに結びつけられたのが、東夷征伐に伝説的な英雄譚を残した坂上田村麻呂。清水寺の千手観音の仏力の助けを受け、鈴鹿山に巣くう鬼神を平らげる能《田村》の物語はこれらの物語が中世に結びついて生まれた物語なのです。

勝《かち》修《しゅ》羅《ら》・負《まけ》修《しゅ》羅《ら》　二つの修羅物

二番目物の演目は合戦の勝者を描いた演目を勝修羅、敗者側を描いた演目を負修羅と呼び分類しています。負修羅の演目が十五番ほどあるのに対して、勝者の姿を描いた勝修羅の曲は少なく、《八島》《田村》《箙《えびら》》の三曲しかありません。このことは能という演劇の性格を表していると思います。能は敗者の美学を描く演劇であるとしばしば言われますが、英雄たちの華々しい物語だけではなく、敗れた者にも彼らの思想や正義、言い分はあるのだと敗者側の目線を通すことで、彼らの物語を美しく描き上げ、また人間の感情の暗がりの面をも深く見つめる演劇となっているのです。これは中世日本の無常観に大いに影響を受けたのでしょうが、敗者の人生を決して否定しない、実に日本的な優しさがあるように私には感じられます。悲運の最期を迎えた源義経に由来する判官贔屓という言葉が生まれたように、立場の弱いもの、窮地にある人に対して深く同情し共感する心は日本人が古来持ち続ける特質のひとつでしょう。

勝修羅と負修羅の違いは、扮装にも表れています。まずシテの用いる中啓と呼ばれる扇は、勝修羅の演目では「松に日の出」の図案であるのに対し、負修羅の演目では「波に入り日」が描かれたものを用います。修羅扇と呼ばれる対照的なこの二種類の図案で表された中啓によって、その人物が勝者か敗者かを明確に示します。

二つ目として、武者の軍装の中で用いられる梨子打烏帽《なしうちえぼ》

勝修羅　老松日出図修羅扇

負修羅　波濤入日図修羅扇

子《し》は真ん中のあたりで左右いずれかに折られており、この折り方で源平いずれの武者であるかがわかります。源氏が左折、平家が右折と定められ、これを題材として作られている能が《烏帽子折》です。牛若丸（幼少期の源義経）は鞍馬寺を飛び出し、商人の吉次吉六兄弟とともに奥州に下りますが、平家の追手がかかったことを知り、急ぎ元服し姿を変えて逃れることを決意します。烏帽子屋に立ち寄り源氏の慣例にならって左折の烏帽子を所望したところ、烏帽子屋主人はこの平家全盛の世に源氏の作法を希望する少年を不審に思いながらも出来上がった烏帽子を身につけた牛若丸のたたずまいの見事さに驚嘆します。烏帽子屋の妻は源氏の所縁の者であり、烏帽子の返礼に受け取った太刀を見てこの少年が牛若丸であることに気づき、再会を祝し牛若丸の前途を祝福するというのがこの能の前段です。当時の日本社会において成人男子の証である烏帽子の、折り方の違いが物語の導入となる演目です。

三つ目は、能面です。修羅能での後シテで用いる武将の役柄では、「平太《へいた》」「中将」「今若《いまわか》」「十六」などを使用します。その造形の違いによって役柄の主張は一見して明らかで、「平太」がいかにも猛々しい気概に満ちた表情であるのに対し、「中将」「今若」は憂愁を帯び、気品を感じる表情です。「十六」は若くして戦で亡くなった平家の武将・平敦盛を表しているとされています。「平太」は勝修羅の三曲のほか、《兼平《かねひら》》といった猛々しい武者の役柄に用います。「平太」の名の由来は諸説あり、源氏方の武将である梶原平三・源太親子の各一字を取ったとも、荏柄《えがら》平太の相貌を写したとも言われています。「中将」は平安期の貴族である在原業平《なりひら》がその官位の中将と在原氏の五男であったことから在五中将と呼ばれたことが由来であるとされています。「中将」の造形には二系統あり、負修羅に分類される滅びへ向かう平家の苦悩を強調した武将系統と、《雲林院》《小塩》の在原業平、《融》の源融《みなもとのとおる》など平安期の宮中貴族の役柄の柔らかな表情の貴族系統のものが見られます。三井記念美術館所蔵の鼻曲がりの中将に代表されるように、「中将」の古面には造形の大きく異なる型変わりの作品も見られ、平安貴族から武者まで性格の異なる役柄に対応するために様々な造形の中将が制作されたのであろうと思われます。

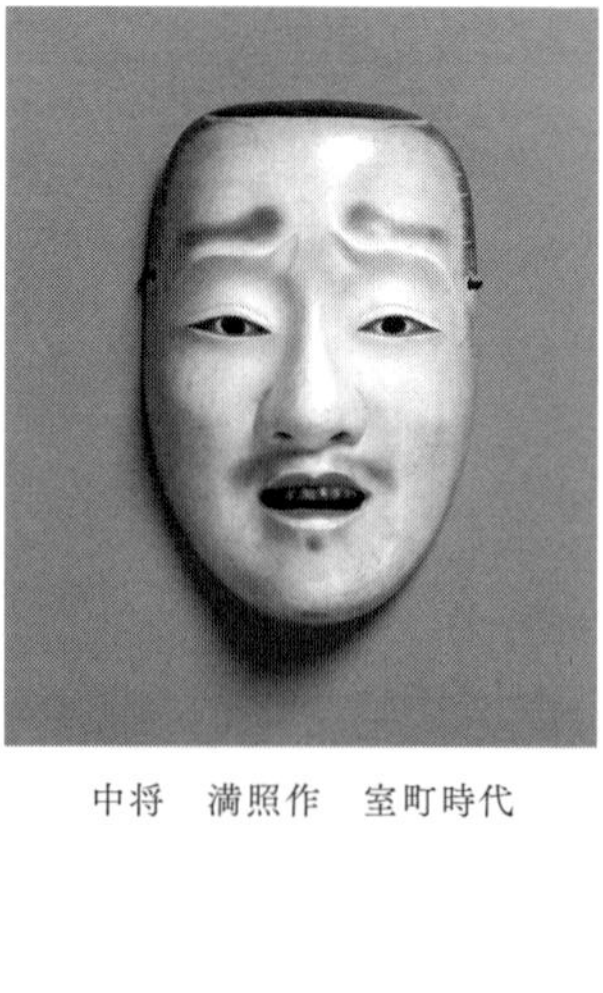
中将　満照作　室町時代

「赤平太」の面

「平太」の名品として金剛流には春若作とされる一面があります。「平太」はその彩色の違いから「赤平太」と「白平太」に分類されますが、この面はまさしく鮮やかな「赤平太」の彩色です。赤々と日焼けした肌で戦に臨む坂東武者の趣があります。現存する古作の「平太」には名品と言われるものが少なく、勝修羅の演目に用いるための力強さを表現しきれていないものが多く見られます。

この面の面裏には喜多流十二世宗家である喜多能静の金泥の極書《きわめがき》が入っており、喜多流の「平太」の本面であったことがわかります。極書とは、然るべき立場の能役者、面打ち、または大名が、古作の名品であることを示す鑑定の証明のようなものです。能面の情報と言うのは、面箱や面箪笥、面袋に記載されていることも多いですが、これらは中身が入れ替わることもあるので信用できるものではなく、面裏から得られる情報がわれわれにとっては重要なものなのです。極書や面打ちの焼き印、彫刻刀のクセ、材の枯れ具合など様々な情報が面裏から読み取れます。わかる者にだけ伝わるように、面作者がわざと特徴的な彫刻刀の彫り込みをごくわずかに残す、「知らせカンナ」というものもあります。これらの要素をふまえて面の制作年代や作者を見極めていくのです。古作の面というのは、間違いなくこの面打ちの作と言えるものは極めて少なく、ほぼすべての面は「伝○○作」とされています。古い時代の面ほどその鑑定は真偽の定かではないものが多いわけですが、仮に作者が間違っていようと名作とされる面は良いものです。しかし、古作であればすべて良い能面なのかといえばまったくそんなことはありません。歴史的な価値は別として、舞台上で素晴らしい表情を見せる面が能において名作と言われる面です。数少ない「平太」の中で、この春若作の「赤平太」は非常に優れた作品のひとつであることは間違いないでしょう。

さらに際立たせる小書《こがき》「長床几《ながしょうぎ》」「白式《はくしき》」

修羅能の演目は『平家物語』の武将を題材としたものがほぼ全てである中で、能《田村》は神話的な世界を描いているところに特徴があります。坂上田村麻呂は平安時代の武人なので演目としての分類は修羅能ですが、演目のテーマに神話の世界を描く脇能的な雰囲気を多分に併せ持っており、通常の演出よりもこの能の性格をより明快に表しているように思われるのが「長床几」と「白式」の二つの小書《こがき》です。

「長床几」とは後場に坂上田村麻呂が東夷征伐の有り様を物語る場面で、本来は床几から立ち上がり舞台上で舞うところ、鬘桶《かずらおけ》に腰掛けたままで所作を見せる演技のことです。躍動感、力感のある舞を座ったまま表現しなければならないため、型が切れる力のある役者でないと鮮やかに演じきることのできない、役者にとって誤魔化しのきかない小書であるように思います。この小書では後場の面が「平太」から「天神」に変わります。「天神」は神々の役に広く用いられる面で、この面に変わることで坂上田村麻呂の姿が武人というよりも、後世に伝説の多く残される信仰の対象としての武神・軍神であることを感じさせ、この能のテーマに似つかわしい装いであるように思えます。もうひとつの「白式」の小書は面が天神であることは共通で、全身の装束が白基調に変更されます。より神性を帯びた神々しさを強調する装いとなる小書です。

羽衣

【はごろも】

六六頁

能の演目は二〇〇曲以上ありますが、その中には一年間に何度も上演される演目や逆に数年に一度しか上演されないような稀曲《ききょく》もあり、演目ごとの上演頻度はまちまちです。一般的に名曲とされる演目は上演される機会が多く、私たち能楽師も舞台を勤めながら素晴らしい曲だと思うことが度々ございます。能《羽衣》は、そのような演目のひとつ。典拠となった羽衣説話は能を見たことがない方でもご存じの方は多く、能を初めてご覧になる方にとっても能の世界にお入りいただきやすいのではないでしょうか。物語の親和性、能面や能装束の美しさ、各流派に優れた小《こ》書《がき》が多いことなど見どころも多く、様々な視点からお楽しみいただけると思います。学生の鑑賞会などで上演されることも多く、私も数えきれないほど舞台に出演させていただいております。

あらすじ

駿河国（静岡県）三保の松原で白龍《はくりょう》（ワキ）という漁夫がいつものように釣りに出かけようと長

閑な春の浜辺を行くと、松の枝にかかっている衣を見つけます。美しさのあまり家の宝にするため持ち帰ろうとすると天人（シテ）が現れ、衣を返してほしいと頼みます。この衣が天人の着る天の羽衣だと知った白龍は国の宝にしようと天人の願いを拒みます。羽衣がないと天上に帰れないと天を仰いで悲嘆にくれる天人の姿を見た白龍は哀れに思い、舞楽を見せてもらうことを条件に衣を返すことにします。天人は喜び、羽衣を身に纏《まと》って月界の天人の生活を語り、三保の松原の景色を讃え、羽衣をなびかせて美しい舞を舞います。やがて天人は天高く舞い上がり、霞に紛れて消えるのでした。

清浄な世界観を表出する一曲

羽衣説話は、日本各地に伝えられており、世界中に見られる白鳥処女説話の一種であるとされています。説話では羽衣を隠された天人は天に帰ることができなくなってやむなく男と結婚し子を産み、やがて羽衣を見つけて天に帰るという物語です。それに対して能《羽衣》の白龍は、悲しむ天人を見てすぐに羽衣を返してあげるというなんともお人好しな男です。このように天人と白龍の間に人間臭い関係を結ばせないことで天人の純粋さを保ち、清浄な世界観を作ることに能《羽衣》は成功していると言えます。

重要なポイントは私たち能楽師が、いかに清浄無垢な天人を表現できるかです。その象徴的な場面としては、先に衣を返すと舞楽を見せずに天に帰ってしまうのではと疑う白龍に対し、「いや疑いは人間にあり。天に偽りなきものを」と答える有名な一節のところです。人間にしか偽りの心はないと天人が答えるその言葉に自身を恥じて白龍は衣を返すのですが、この一言で天人の毅然とした神聖な姿を表現せねばならないため、能楽師にとってたいへん難しい一節です。

能面「増《ぞう》女《おんな》」と「小《こ》面《おもて》」

《羽衣》には、「増女」または「小面」などの若い女面を用います。「増女」は《羽衣》の天人や女神のほか、中国の絶世の美女である楊貴妃など、理知的な印象で端正な美しさが特徴的な女面です。「増女」を用いれば侵しがたい気品を感じさせる神聖な天人像が、「小面」（一三〇頁）を用いれば愛らしく清浄無垢な天人像が現れやすいのではないでしょうか。このように舞台で用いる能面の選択によって、その能から受ける印象は大きく変わります。また同じ種類の能面であってもどの面打ちによる作か、制作意図など作品によってそれぞれ表情は異なります。われわれ能楽師にとって、舞台で用いる能面を選ぶところからすでに舞台は始まっており、その能面の持つ力を引き出すために面と向き合うことはたいへん重要な時間です。優れた能面ひとつひとつに能

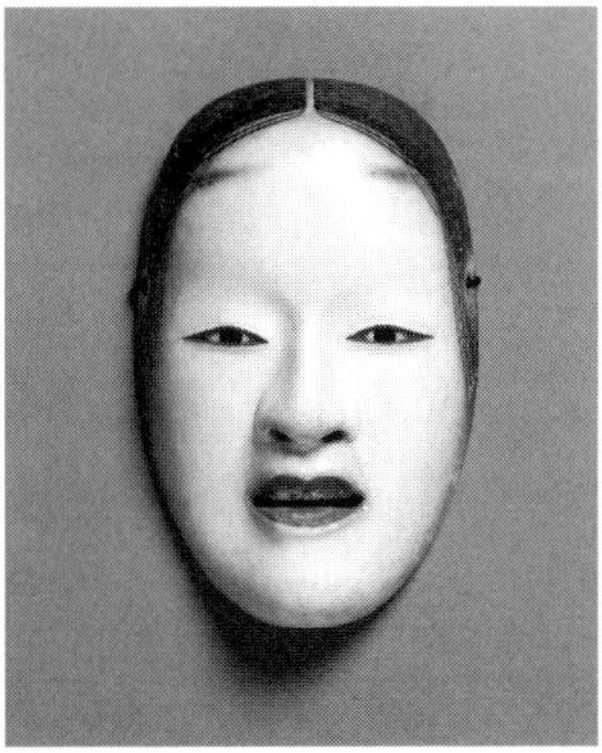

増女　是閑作　桃山時代

のひとつの理想があり、名作の面ほど未熟な役者を寄せ付けない力があります。優れた古面は能楽師にとっての師であり、面と向き合い思索を続ける中で、能のあり方、演じ方を教えてくれます。

《羽衣》専用の特別な装束

装束についてお話しましょう。舞台が始まるとまず天人の羽衣が舞台正面の松の作り物、または幕から舞台へ続く橋掛りの欄干《らんかん》にかけられます。この羽衣を漁夫白龍が見つけた後、幕より天人が呼びかけて登場するのですが、この時、天人の上半身は摺箔《すりはく》のみを身につけた裳着胴《もぎどう》と呼ばれる姿です。摺箔は布の上に金箔、銀箔の文様を貼り付けた装束でいわば下着であり、摺箔の上に唐織《からおり》などの上着にあたる装束を着ることで通常の女性の装いとなります。したがって《羽衣》の天人の裳着胴姿は水浴びをしていた等の想定で、半裸の状態であることを表現しています。

その後、白龍は衣を返し、天人はその衣を身に纏います。この天人の羽衣は長絹《ちょうけん》もしくは舞衣《まいぎぬ》という装束です。長絹と舞衣はいずれも広袖の表着で、長絹地という絽《ろ》または紗《しゃ》の薄い織です。長絹は露と呼ばれる飾り紐をつけ脇縫いがされておらず袖の下の脇が裾まで開いているのに対して、舞衣には露はなく脇が縫い付けてあります。

金剛流では《羽衣》専用の装束として胴箔地鳳凰文《どうはくじほうおうもん》長絹を用います。鳳凰は中国で古くから、麒麟《きりん》、亀、龍とともに四霊獣のひとつとして尊ばれてきた想像上の瑞鳥であり、長絹全体に大胆に鳳凰があしらわれています。この装束はたいへん珍しい特徴があり、能装束の文様は通常は織、刺繍、または箔を貼ることによって描き出されますが、この長絹の鳳凰は筆で描かれているのです。原本の作者は、東本願寺第二十三代法主、句仏上人《くぶつしょうにん》として知られる大谷光演上人（1875～1943）であると聞いております。大谷光演上人は、私の高祖父にあたる金剛謹之輔《きんのすけ》（三六頁）のもとで謡の稽古をされ、京都画壇を率いた幸野楳嶺《こうのばいれい》（1844～95）や竹内栖鳳《せいほう》（1864～1942）に日本画を学ばれたそうです。鳳凰の長絹は竹内栖鳳の下絵によって大谷光演上人が描かれたものだと伝えられております。同様の文様で写した長絹も後に作られており、二枚目は堀井香坡《こうは》画伯（1897～1990）、三枚目は上村松篁《しょうこう》画伯（1902～2001）によって描かれています。

道成寺

【どうじょうじ】 ―― 六八頁

能楽師は修行過程で様々な演目に挑戦し、能役者としての技術と経験を積み重ねていきます。初演することを披《ひら》きと呼んで、より重要な扱いをする一部の演目があります。抜き物と言われる演目には、中国清涼山《せいりょうざん》に現れる獅子の豪壮な舞を見せる《石橋《しゃっきょう》》、酒に酔い戯れ「乱足《みだれあし》」というひと足ごとに前に蹴り出すように運ぶ独特の足遣いを用いた舞を見せる《乱《みだれ》》などがあり、いずれも特殊な技術が要求されます。これらの抜き物は身体への負荷が大きく、我々が修行期に挑み、稽古を積み重ねることはその演目を舞うための技術を習得するだけでなく、能役者として身体を作り上げるためにも重要です。《道成寺》もこのうちのひとつであり、勤めるにあたっては様々な技術とそれに対応できる身体性が要求され、能役者にとって節目となる演目なのです。

あらすじと見どころ

能が始まると、まず狂言方が演じる能力《のうりき》という寺の召使いのような役柄の者が鐘の綱を舞台上方の滑車に通して鐘を吊り上げます。能舞台は天井の梁《はり》に滑車が、笛柱《ふえばしら》には環《かん》が備え付けられていますが、これは《道成寺》の鐘を吊るためだけに用いられるものです。劇中で能力が鐘を吊るのは金春《こんぱる》流・金剛流・喜多流の下懸《しもかか》り三流のみで、上懸《かみがか》り二流（観世流・宝生流）は能が始まる前に鐘を運び込むためこの場面が存在しないのです。狂言方にとって下懸りの《道成寺》は、見せ所となる重要な演技が冒頭にあります。鐘は枠組みを竹で組み布をかぶせた作り物ですが、鐘の縁の部分に重しを入れているため重量は八十キロほどになりますでしょうか。舞台に鐘を吊る極めて特徴的な情景が、この能の特異な雰囲気を作り出しています。

《道成寺》が重く扱われる理由は、舞台上での技術や演出に他の演目にはない特殊なものが数多くあることによります。能の謡は流派ごとに刊行されている謡本《うたいほん》（台本）の節付けの表記にしたがって謡いますが、《道成寺》の謡本には通常の謡の節付けが表記されていない箇所が多々あるのです。金剛流の謡本ではそういった箇所には「口伝《くでん》」とだけ書かれており、謡本を見るだけでは謡い方がさっぱりわかりません。これはわざと謡い方がわからないようにしているわけではなくて、通常の謡本の節付けでは《道成寺》特有の節扱いを表記することができないからなのです。ではどのように謡い方を学ぶかというと、師の教えを受けて習得するほかなく、《道成寺》に限った話ではありませんが、特に《道成寺》においては師伝の意味合いが強いわけです。そ

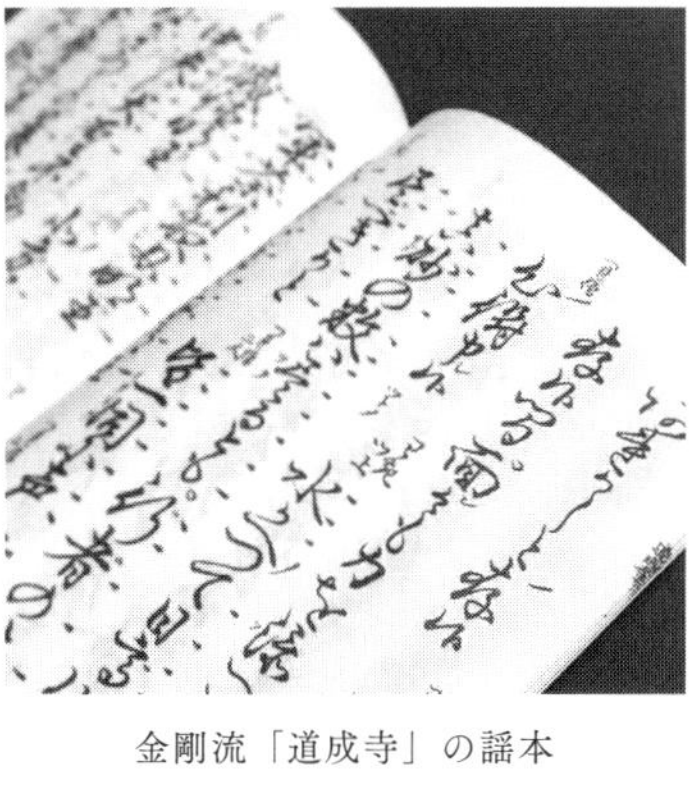
金剛流「道成寺」の謡本

の特殊な節付けの特徴としては、テーマである恋慕の執心による感情の高ぶりを表現するために音の高低差が非常に激しくなっているものが多く見られます。

大きな見どころとなるのは、〈乱拍子《らんびょうし》〉から〈急ノ舞〉、鐘入りへと至る能の中心部分です。乱拍子とは、白拍子（前シテ）の特殊な足遣いと小鼓《こつづみ》の裂帛《れっぱく》の気合いと静寂によって構成される舞で、白拍子の女が寺の石段を上っていく様子を表現しているとも言われます。掛け声の長短など小鼓方の流派によって演奏が変化する点も見どころですが、シテと小鼓との関係で重要なのは息を共有するということです。息は間《ま》と言い換えた方がわかりやすいかもしれません。どういうことかと言いますと、静寂のあとの小鼓の打ち込みとともにシテは型を変化させるのですが、これはシテが小鼓に合わせて、もしくはその逆でもなく、お互いが自分の息で動き、結果うまくいったというかたちになることが重要なのです。そのため、《道成寺》初演の前には小鼓方と二人で入念に乱拍子の稽古をしてお互いの息を共有できるようにもっていきます。こうした静寂の中の内なる激しさが乱拍子に大きな緊張感を生み出します。なお乱拍子の無音時間についての逸話として、とある《道成寺》の録音商品には「再生機の故障ではありません」という一文が注意書きで入っており、乱拍子の無音時間の長さに戸惑う視聴者からの苦情があったのだろうと想像できます。

乱拍子が終わるとともに場面は一転し、きわめて急調の囃子の演奏である急ノ舞をシテが舞います。この乱拍子から急ノ舞に至る場面では、静かにゆるやかに繰り返される乱拍子のときには心のうちは激しく力がみなぎっており、反して激しい動きを要する急ノ舞では心は平静におだやかでなければならないということを教わりました。武道の世界で「動中静・静中動」という言葉で呼ぶ考えに近いところがあるかと思います。乱拍子に限らず、能は何もせず動かないことで舞台が進行する場面が多々ありますが、ここで本当にぼんやりしていては舞台の力は失われ、観客に何事も伝えることはできません。能において動かないということは、回転するコマがあたかも静止して見えるような内なる力がなければ成立し得ないのです。

この静から動の急転を鮮やかに舞い上げ、最大の見どころである鐘入りの場面へと移ります。ワキの寺僧が眠り静まっていることを確認した白拍子の女は鐘の近くへ狙い寄り、鐘に手をかけ足拍子を踏み、シテが飛び上がると同時に鐘が滑車より落ちて鐘入りとなります。この鐘を落とすタイミングは笛柱の環のところに座している鐘後見にゆだねられています。シテは頭上から落下してくる数十キロもの重量物に頭を打ち付けることになりますが、空中にいるため衝撃を受け流せるわけです。逆にシテが空中にいる瞬間をわずかでも違えれば大事故につながるため、大きな責任を伴う役目です。実際に《道成寺》では鐘入りの際に骨折するなどの事故も少なくはなく、シテ・鐘後見ともにたいへんな緊張を強いられる一瞬です。

無事に鐘入りが終わってもシテはゆっくり休んでいるわけにはいきません。後場《のちば》の蛇体の姿に鐘の中で変わらねばならないからです。鐘の内側に後場の扮装一式が仕込んであり、ワキの語りが終わり、鐘が上がるまでの間にシテは自身ひとりで能面・装束などの扮装を替えて身支度を整えます。このように白拍子の女の執心を謡い表す謡の表現力、乱拍子、急ノ舞、鐘入りからの装束付けの技術と、《道成寺》のシテに求められる能力がいかに多岐にわたるか、なぜ《道成寺》が能楽師の節目となる演目とされているのか、おわかりいただけると思います。

能面のこと

《道成寺》の能での使用面は、前シテが「曲見《しゃくみ》」（一二五頁）、後シテが「般若《はんにゃ》」となります。前シテで用いる面は流儀によって異なり、観世・宝生の二流は若女系の若い女面、金春・喜多の二流は金剛流と同様、中年女性の面である曲見系の面が原則です。若く美しい白拍子を表現するには若い女面の方がふさわしいのですが、曲見を用いると前場に凄みが出るという大きなメリットがあります。ただし曲見で凄みを出す謡を謡うことは技術的に若い役者には難しいため、金剛流では40歳前後で《道成寺》を披く者が多いのです。逆に言えば、年齢を重ね、経験を積まないと表現することが難しいということを意味しているのです。

「般若」の面は、能に馴染みの薄い方であってもご存じでありましょう。「般若」は見てのとおり女性の鬼である鬼女に用いるものです。能には様々な鬼神の演目がありその役に応じて面を使い分けていますが、額に角が生える鬼の面は女性の鬼だけなのです。

「般若」の造形の特徴として、面の上半分と下半分で感情の表現が異なることがあげられます。上半分が悲しみや苦悩の表情、下半分が怒りの表情となっており、般若坊という室町期の面打ちがその造形を完成させたとされ、この般若面を用いる役柄の怒りと悲しみがないまぜになった複雑な心理を表現しています。また演技上の理由もあり、般若面を用いる鬼女の役は物語の中で憎または山伏の法力と争うことが多く、祈禱を受けると苦しみでうつむき、面の上半分の苦悩の表情が現れます。やがて反撃のため面が上向くと下半分の怒りの表情が現れるという動きを面につけるような型となっているわけです。般若には彩色の白いものと赤いものがあります。演目ごとの主な使い分けは、いわゆる白般若は『源氏物語』を題材とした《葵上》の能、六条御息所の生霊の役に用い、造形も控えめな作品が多く、高貴な女性の品位を意識した造形となっています。赤般若（七〇頁）は主として《道成寺》の能に用い、これは強い怒り、鐘を溶かす熱量の赤であると言われます。

父の代になって入手した能面に作者不詳の「般若」（七一頁）がございます。材の朽ち具合などを見るに相当の古面であることは間違いなく、まだ般若という名称も定まっておらず、鬼女などと呼んでいた時代の古作かと思われます。この般若面の特徴としては顔の上半分の憂いの造形が薄く、面全体から鬼の激しさが発されています。般若面の造形が定型化されるまでの途上の作品であろうと想像されますが、鬼の面が持つ強さ、激しさは申し分なく、特に古式の《道成寺》にうってつけの面です。この般若に限らず、古作の面には面の角度による表情の変化が表れないものが多いため役者は心得て動きを減らし、面自体の力感を押し出すといった工夫が必要となります。世阿弥の伝書には面をクモラス、テラスといった角度についての記述は見られず、世阿弥時代には面の角度による表情変化の技術はなかったであろうと言われます。こうした技術は、面の進化、定型化とともに工夫が凝らされる中で生まれたものなのでしょう。

小書《こがき》〈古式《こしき》〉

金剛流の《道成寺》の小書《こがき》には〈古式〉と〈赤頭《あかがしら》〉の二つがあります。上演頻度は〈古式〉の方がはるかに多く、ここでは〈古式〉の小書について説明いたします。

〈古式〉の際は乱拍子の足遣いが変わるなど演技上の変更点が種々ありますが、まずシテの扮装が通常の演出と変わり、前シテは面が孫次郎、紅入《いろいり》の唐織壺折《からおりつぼおり》姿となります。つまり前シテの役柄が若い女に変わるわけです。通常の演出では前シテがつけていた鬘を後シテはそのまま毛髪として着装しますが、〈古式〉の際には赤頭、特に不動頭《かしら》と呼ばれるものを用い視覚的な印象が大きく変わります（六七頁）。この不動頭とは、赤頭が経年変化によって退色し黄色に見える頭で、この《道成寺　古式》のほかに《調伏曾我《ちょうぶくそが》》の不動明王の役に用いることから不動頭と呼んでいます。通常の赤頭とは異なる独特の雰囲気が生まれるため、金剛流では珍重して用いております。

龍謹雑録　乱拍子は流儀ごと

乱拍子とは中世に流行した芸能であり、能が大成していく過程で取り入れられたとされています。かつて乱拍子を舞う能は、金春流は《道成寺》、観世流は《檜垣《ひがき》》、宝生流は《草紙洗《そうしあらい》》、金剛流は《住吉詣《すみよしもうで》》と流儀ごとに分かれていたそうです。《道成寺》の乱拍子は、金春流の専有だったのが後に各流に取り入れられていったのは、《道成寺》の雰囲気と乱拍子が非常に相性の良いものであったが故であろうと思います。金剛流の《住吉詣》の能には「蘭拍子」は小書として残っており、この小書の際には子方《こかた》が乱拍子を舞うことになっており、私も幼少期に二度子方を勤めております。

隅田川

【すみだがわ】――七二頁

『今昔《こんじゃく》物語集』など多くの古典文学の中に見られる人身売買の横行は、中世日本の暗い一面であると言えるでしょう。この時代には人買を生業《なりわい》にする者（人商人《ひとあきんど》）たちがおり、彼らは諸国を廻って子女を買い取り、またはさらって売買の対象としていたようです。こうした人身売買の罪を犯した者には、顔面に火印を押される厳しい罰則が定められていたそうです。裏返せばそうした厳しい禁令を設けねばならない社会問題として、人身売買が巷間に存在したということでもあります。

能《隅田川》は、京都の北白川から武蔵国（東京都・埼玉県）まで母がはるばる我が子をたずね旅をする地理的なスケールの大きな能です。

あらすじ

一年前に人商人に息子 梅若丸を連れて行かれた京都に住む女（シテ）が、武蔵国の隅田川の畔の渡し場にやってきました。さらに先を目指して船の渡し守（ワキ）に乗船をたのみ船に乗り込みます。渡っている最中、向う岸から大念仏が聞こえてきました。それは昨春、人商人が伴ってきた子供が病となりここで捨てられて死んでしまい、その子を供養する念仏だと船頭が語る話の中、母は我が子のことであることを確信します。渡った先の墓所である塚に渡し守に伴われて向かいその前で鉦を鳴らして念仏を唱えていると梅若丸の霊（子方）が現れます。しかし声を掛けても応えはなく、腕の中に抱きしめようとしてもすり抜け、そのうち夜も明けて子どもの霊は塚の中に消え、塚の脇には母が佇むだけでした。

物狂能の代表曲《隅田川》

能《隅田川》は四番目狂女物の代表的な作品です。能には「物狂能《ものぐるいのう》」と分類されるジャンルの演目があります。これは別離した恋人や生き別れた子を求めてさまよう人物を主人公とした物語の演目群であり、その想いの深さゆえの狂乱状態を経て、探し人との再会を遂げて大団円となるのが定型のパターンです。その中で特に女性がシテとなる能を「狂女物」とも呼びます。

能における「物狂い」とは、花鳥風月や詩歌の美しさに惹かれ、異常な精神状態のはずみにまかせて我を忘れて歌舞に没入する姿です。したがって狂乱と言っても錯乱しているわけではなく、むしろ風流に心楽しませる姿であり、愛別離苦の現実から解放され純粋となった精神と言えるかもしれません。物語の前後の関係を忘れて大いに狂い遊ぶこの遊狂の姿にこそ、物狂能の眼目があり、能の演目の中で大きな分類を形作る魅力があるのです。

《隅田川》はこの狂女物の演目の中で生きての親子の再会が叶わない唯一の能です。描かれる結末は幼な子との死別という人間普遍の悲劇であり、われわれ能楽師もこの能を演じる舞台上では精神的な負担を感ぜずにはいられません。この能は大きく三つの場面に分けることができます。まず隅田川畔、次に船中、最後に梅若丸の墓前の三場面です。隅田川畔ではシテが登場して「カケリ」というテンポの緩急が強い舞を舞います。カケリは、修羅道に堕ちた武者の苦しみや、物狂いの興奮状態などを表すもので、この能では狂乱を象徴する「狂い笹」と呼ばれる笹の枝を手に持っています。この場面では『伊勢物語』の和歌、

名にし負はば　いざ言問はむ　都鳥　わが思ふ人は　ありやなしやと

を引きつつ船頭との都鳥談義を通して乗船を乞い、春の情景の中まだ悲劇の結末の予感はありません。その雰囲気が一変するのが船中の場面であり、船頭にとっては至難の語りです。船頭の語りに耳を傾けるうち次第に確信してゆく我が子の死、劇中の景色が陰翳を帯びます。梅若丸の墓所に着いて後、我が子の姿を一目見ようと願い墓の土を掘り起こそうとする母の哀れさ、念仏を唱えるうちに見えた我が子に抱きつこうとするもその姿は消え失せ、後に残った塚の上を愛おしく撫でて終曲となります。

幼少期から勤める子方

梅若丸の霊の役は子方が勤めます。幽霊として子方を登場させるか、子方を登場させず母の眼にしか写らない幻とすべきかの議論が、世阿弥・元雅親子の間で行われたことが『申楽談儀《さるがくだんぎ》』に見えます。世阿弥は子方不要論を、元雅は子方必要論を主張し、現在でも時に子方を出さない演出をされることがあります。念仏の途中から聞こえてくる子方の声、そして姿を現した黒頭・白い水衣《みずごろも》姿の子方を、母が抱きしめようとするも触れることができずにすり抜けてしまう姿はこの上ない哀れをもよおす場面です。この能では子方の存在感があまりにも大きく、現実の非情さを突き付ける効果をもたらしていることは間違いありません。

私たち能楽師は修行の過程の中で、幼少期は子方の役で舞台に出演します。私の場合ですと、5歳のときに仕舞《猩々《しょうじょう》》で初舞台を踏み、その後、中学校入学の年頃までが子方として舞台に出演した時期でした。中学生になると変声期が始まり、身長も急激に伸びて子方の役を勤めることが難しくなるため、このあたりの年齢を目途に子方は卒業となります。子方を終えた後は大人たちと同じ役を勤めていくための修行が始まり、その修行の内容は一変します。発声や立ち方一

《隅田川》での子方とシテ
子方は龍謹次男宣之輔

つにしてもそれまでとは異なった技術が要求され、一人前の能楽師になるための基礎固めがはじまります。したがってこの時期からは一旦仕切り直して修行するようなかたちになり、また年齢的に思春期・成長期・変声期による心身の不安定さも相まって、能楽師の修行の中ではたいへん難しい時期であると言えます。子方の出演する演目は約五〇曲で、能の演目全体のおよそ四分の一にあたります。子方の役も演目により内容はさまざまで、少し舞台に顔を出す程度の役もあれば、一曲を通して子方にスポットがあたり主役として立ち回らねばならないものもあり、多岐にわたります。演目によっては一時間以上、ときには二時間近い時間、片膝を立てた状態で身じろぎすることなく座っていることを要求されます。大人であってもつらく、まして幼少の子どもにとってたいへん苦しい役ですが、こうした経験を経て舞台上での忍耐力、能の登場人物のひとりとしての自覚を養います。舞台上で素の自分をさらけ出さない心身の強さを能楽師は持たねばなりませんが、その修練は子方の頃から始まります。子方として舞台を勤めることは能楽の伝承において重要な過程であり、私自身も年齢を重ねる中で子方の時の経験の貴重さを実感しています。

女性の能面と装束

《隅田川》の能ではシテの母の役に「曲見《しゃくみ》」という能面を用います。女面は年齢によって、若い女性、中年の女性、年老いた老女の三つに大別することができ、この曲見は子どものある母親やその年齢層の女性の役に用いられます。曲見は若い女面とくらべ、口角がやや下がり頬の張りも無く、髪の毛描きもやや乱れて描かれるなど加齢による容色の衰えがところどころに表現されており日々の生活感をうかがうことができます。曲見という名の由来は、面の額と顎が少し出ており顔がしゃくれて見えるという説が一般的です。このような特徴を持つ曲見の優れた作品は、狂女物の能において母の慈愛、子を探し求める憂愁が深く感じられる表情を見せてくれます。

そして、能装束と呼ばれる舞台衣装にも長い歴史の中で形式化された決まり事が多くあり、装束の色、特に赤（紅）は重要な意味を持っております。能装束の世界では「いろ入り」「いろ無し」という言葉を使いますが、この「いろ」とは赤のことを指しており、赤色の使われている装束を「紅入《いろいり》」、対して赤色の使われていない装束を「紅無《いろなし》」と呼びます。女性の役において、小面系の若い女面を用いる役には紅入り、曲見などの女面や老女面の役には紅無しの装束を用いることが原則的な決まりになっているのです。これによって能面の種類がはっきりわからなくても、装束の色を見ればその役の年齢をおおよそ把握することができます。また花鳥など四季おりおりの意匠のものを季節感にあわせて用いるため、多くの種類の装束を蔵していなければ演目ごとの装束の取り合わせが満足にできないということがおわかりいただけると思います。能面と装束の組み合わせ、また演目の季節感と装束類には密接な関係があり、能面の種類、装束の色、描き出された文様などの意味をよく知れば、その演目についての理解はより深まり、観能にも一段と膨らみが出ることでしょう。美術的な視点から見ても、能には幅広い魅力が詰まっているのです。

杜若

【かきつばた】

―― 七四頁

　杜若は5月から6月にかけて花の見ごろを迎えます。水生植物であるため湿地に群生し、濃紫色の美しい花を咲かせます。古来、『万葉集』などの歌に詠まれ、また日本画の題材としても描かれるなど、日本の初夏の水辺の風景には欠かせない植物として親しまれてきました。能《杜若》の物語の舞台は三河国（愛知県）八橋です。古くから杜若の名所として名高く、杜若は愛知県の県花に指定されています。現在も愛知県知立《ちりゅう》市の無量壽寺境内には「八橋《やつはし》かきつばた園」があり、三万本の杜若が美しく咲き誇っています。八橋の杜若が広く知られることとなったのは、『伊勢物語』の第九段「東下《あずまくだ》り」の中での記述によります。『伊勢物語』の中に見られる八橋の記述をもとにしてつくられた能《杜若》は、杜若の花の精が美しく舞う三番目鬘物の演目です。

あらすじ

　都の僧（ワキ）が東国へ下る道すがら、三河国八橋を通りかかると沢辺の杜若が今が盛りと咲いています。僧が杜若に眺め入っていると里女から言葉をかけられ、この八橋が杜若の名所であること、『伊勢物語』の在原業平《ありわらのなりひら》の杜若の歌などについて語り聞かせ、里女は僧を自分の庵に招き入れます。夜になると里の女は初冠《ういかむり》、唐衣《からころも》を着た美しい姿で現れ、冠はかつて業平が豊明節会《とよのあかりのせちえ》の五節舞《ごせちのまい》を拝観した時に着た冠であり、唐衣は業平の歌に詠まれた高子后《たかこのきさき》の形見であると教えます。僧が女の素性を尋ねると杜若の精であると名乗り、業平は歌舞の菩薩の化現であるから、その詠歌はみな仏法のありがたい経文であり、それによって非情の草木である自分も成仏できたことを喜びます。杜若の精はさらに『伊勢物語』について詳しく語り、業平を陰陽の神と讃えて美しい舞を奏し夜が白々と明ける頃、成仏の尊い御法を得て姿を消すのでした。

『伊勢物語』と能《杜若》

『伊勢物語』は平安時代に作られた歌物語であり、作者や成立年はわかっていません。ある一人の男を主人公とした一代記のような構成になっており、作中のどこにも男の名前は明記されてはいませんが、その主人公は在原業平であると当時から考えられてきました。平安初期の貴族である在原業平は、勅撰和歌集に数多くの歌が選ばれている六歌仙・三十六歌仙の一人であり、また美男の代名詞として語られることの多い人物でもあります。能《杜若》は、この『伊勢物語』の第九段「東下り」を中心に、中世における解釈を背景として作られた演目です。

能《杜若》は大きく二場面に分けることができます。前半は三河国八橋に行きかかった旅の僧の前に里女が現れ、この地で在原業平が「かきつばた」の五文字を句の上において、

からころも
きつつなれにし
つましあれば
はるばるきぬる
たびをしぞおもふ

と歌を詠んだこと。また川が蜘蛛手のように八方に分かれ橋を八本かけていることから八橋の地名がついたことなど、『伊勢物語』本文をなぞった内容を里女が旅の僧に教え聞かせるという形で物語が展開します。

やがて里女は僧を自らの庵に招き、後半では里女が業平の初冠と高子后の唐衣を身に纏って寝所から現れ、自らが杜若の花の精であることを明かし、和歌の徳を賛美しながら優雅な舞を見せます。

錯綜する両性具有の杜若の精

能が成立した中世、『伊勢物語』には様々な解釈が生まれ、多くの注釈書が作られました。たと

えば、「東下り」は業平と高子后との禁忌の恋ゆえのこと、業平を歌舞の菩薩・陰陽の神とみなすなどといった思想です。これらの中世社会に流布した解釈がもとになって能《杜若》は作られており、この能の中で業平を指して使われる「陰陽の神」とは男女両性をかね備えた神のことです。物着にて杜若の精は、巻纓老懸《まきえいおいかけ》冠と長絹《ちょうけん》を身に纏います。これらは業平の冠と高子后の唐衣を表し、男女両装の奇妙な装いです。観客はこの一人のシテに、杜若の精、在原業平、また高子后の三人の重層した姿を見ることができます。まさに「陰陽の神」の姿となった複雑で不思議な人体です。シテ一人に何重もの姿が重なって見える、美しく艶やかな夢幻の世界をお楽しみいただきたく思います。

草《そう》木《もく》国《こく》土《ど》悉《しっ》皆《かい》成《じょう》仏《ぶつ》

能では草木の精や雪の精など、自然物が登場人物として物語にしばしば現れ、僧と言葉を交わします。これは天台宗における「草木国土悉皆成仏」の思想をもとに作曲されており、この言葉は《杜若》をはじめ多くの演目に見られます。もともとインドの大乗仏教では心あるものである「有情《うじょう》」、つまり人間と動物のみが成仏することができるとされておりましたが、これが日本に入ると心なき「非情《ひじょう》」の草木や土塊《つちくれ》のような無機物も仏性を持つと考えられました。いかにも四季おりおりの緑豊かな日本の風土の中で成立した思想であり、日本古来の神道での山川草木万物に神が宿るとする自然信仰にも通じるもので、日本人にとっては素直に受け入れられる考えであったでしょう。時に猛威を振るう自然への畏怖を忘れず、大地草木すべてのものの恵みへの感謝を持ち祈りを捧げる、古来、変わらない日本人の心が能の物語の根底に描かれています。

技術の確かさを垣間見る、扮装の変更

演能において舞台上の役者はしばしば扮装を変えます。化身が本来の姿を現すため、舞を舞うにふさわしい出で立ちになるため、またはまったくの別人物の役に変わるためなど、様々な目的で能面・能装束や小道具を脱ぎ着します。扮装を変える方法は二つあり、ひとつは「中入り《なかいり》」と言って登場人物がいったん幕へ入り楽屋で扮装を変える方法、もうひとつは「物着《ものぎ》」と言って舞台上で扮装を変える方法です。能《杜若》では、シテは舞台左奥の後見座《こうけんざ》と呼ばれるところへ行き、物着で扮装を変えます。物着では、われわれシテ方の能楽師が後見というかたちで扮装を変える仕事を担当します。物着は舞台の進行に支障をきたさぬよう手際よく、また舞台上のことですので見苦しくないよう扮装の変更を行わねばなりません。能楽師にとって装束・小道具などの扱いや着付けも修行の重要な一過程であり、なにげなく終えられた物着は修行を積み重ねた能楽師の技術の確かさを示しています。

小《こ》面《おもて》の魅力

「小面」は若い女面のさまざまな種類がある中、最もうら若い造形をしていることが特徴で、十代半ばほどの年代の少女の初々しくあどけない表情をした作品が多く見られます。年若い女性の役が登場するさまざまな演目に用いたり、《杜若》の草木の精のようなけがれのない純真さを求められる役柄に用いられます。

「小面」には、特に「雪・月・花」と銘を与えられた伝承のある有名な三面があります。いずれも作者は世阿弥時代にすでに伝説的な面打ち名人であった石川龍右衛門重政です。天下人であった豊臣秀吉は、自身も数多くの能の舞台を勤め、能を愛好しました。秀吉公は、愛蔵していた龍右衛門作の見事な三面の「小面」に「雪・月・花」の銘をつけ、「雪の小面」を自身が贔屓していた金春座の金春岌蓮《こんぱるぎゅうれん》に、「月の小面」をともに能を愛好した徳川家康に、「花の小面」を金剛座に与えました。この出来事を経て、「雪・月・花の小面」は女面の理想として能の世界に存在していたのです。その後、徳川家に伝えられた「月の小面」は江戸城の火災で失われたと言われており、「花の小面」は明治時代に坂戸金剛宗家のもとを離れ、現在は三井記念美術館に収蔵されています。

雪の小面は明治期に時代の荒波によって大阪へ流れ出、平瀬露香の手によって金剛流へもたらされました。幾百年の時代を乗り越え現存する能面を舞台で用いることができる有難さをただただ痛感するばかりです。

半蔀

【はしとみ】――七六頁

現在、上演されている能の演目は、ほとんどが室町時代に作られています。それらの多くは演目と同時代、または前時代の古典文学を典拠にしており、典拠となった古典文学のことを「本説《ほんぜつ》」と呼んでいます。能を大成した世阿弥は、当時の支配階層である貴族階級の人々を満足させることに苦心し、先行の古典作品を能の題材として取り入れることでその要求に応えました。当時の知識人たちにとって馴染みの深かった『伊勢物語』や『平家物語』を能の本説とすることで貴人からの支持を大いに得、また能に文学的な洗練をもたらしたのです。

平安時代中期に紫式部によって書かれた『源氏物語』も数多くの能の本説となっており、能《半蔀》もそのひとつで、光源氏と夕顔の君の淡い恋物語を中心に作られた人気の高い三番目物（鬘物）です。

あらすじ

紫野雲林院の僧（ワキ）が、一夏の間の安居《あんご》を終えようとする頃、毎日の供花のために立花《りっか》供養を営んでいると、一人の女（前シテ）が来て白い花を供えます。僧が女に花の名をたずねると、「これは夕顔の花」と答えます。さらに女の素性を問うと「五条辺りの者」とのみ応えて、花の陰に姿を消します。女の言葉に従って五条辺りに来てみると、一軒の荒れ果てた家に夕顔の花が咲き乱れています。僧は『源氏物語』の昔を偲び菩提を深く弔おうとすると、半蔀を押し開けて美しい女（後シテ）が現れます。女は、光源氏が夕顔の君とこの家で契りを結んだことや、夕顔の花が縁となって互いに歌を詠んで逢瀬を重ねたことなどを語った後、美しい舞を舞い、東雲《しののめ》の空が明け始める頃、再び半蔀の内へ消え、僧の夢は覚めるのでした。

同じ題材でふたつの異なる曲

《半蔀》は『源氏物語』第四帖「夕顔の巻」を本説とします。「夕顔の巻」では、夏のある日、五条辺りの粗末な家の垣根に夕顔の花が蔓をのばして咲いているのに光源氏が目を留めると、その家の内から夕顔の花がのせられた香を焚きしめた白い扇が送られてきます。扇には「心あてにそれかとぞ見る白露の　光添へぬる夕顔の花」と歌が添えられており、光源氏はその返歌に「寄りてこそれかとも見め黄昏に　ほのぼの見えし花の夕顔」と書き贈ります。この出会いにちなんでこの女性を夕顔と呼び、光源氏は夕顔の魅力に惹かれ、足しげく通うようになります。お互いの身分を明かさず逢瀬を重ねる二人ですが、ある日突然に夕顔は物の怪《け》に取り憑《つ》かれて命を落とすという怖ろしい最期を迎えます。

この「夕顔の巻」の内容をふまえた《半蔀》ですが、この能では光源氏と夕顔の君の恋物語に主眼を置き、夕顔の君が物の怪に憑り殺される暗く陰惨な後半についてはほとんど触れていません。能の演目の中には、同じ題材を典拠とした類曲が見られる場合があり、《半蔀》と《夕顔》というふたつの演目はその一例です。どちらも『源氏物語』の夕顔の巻を典拠としており、また両曲ともシテは夕顔の君ですが、その描かれている内容は大きく異なります。《半蔀》が先に述べたように光源氏と夕顔の君との逢瀬を主題とし二人の愛の回想に終始しているのに対して、《夕顔》の能は物の怪に襲われ命を落とした夕顔の君の悲劇性を主題としています。

同じ題材をもとにして作られた二曲ですが、《半蔀》が明るくほのぼのとした印象を持つのに対して、《夕顔》からは優美ながらもかげりのある印象を受け、二曲に描かれているテーマは大きく異なっています。この《半蔀》と《夕顔》のような、同じ題材が用いられた類曲の、作曲の違いを見比べるのも能のひとつの楽しみでしょう。

演出の妙

曲名にもなっている「半蔀」とは、格子を組んだ裏に板を張り、日差しや雨風をよけるための雨戸のような形で用いられる蔀戸《しとみど》の、上半分が窓のように押し上げられるようになったものです。この半蔀を模した作り物が舞台に置かれ、その中から蔀を押し開けて美しい女性が現れ、やがて蔀の中へ帰って行く視覚的な演出がこの能の大きな特徴となっています。曲名として名付けられたことが頷ける、たいへん印象的で、舞台効果の高い演出です。

原作の『源氏物語』の記述にのっとって、作り物の蔀の部分には夕顔の花と瓢簞が取り付けられ、蔓が巻かれています。ちなみにこの能に描かれている夕顔の花とは、干瓢《かんぴょう》の原料である瓢簞の花のことです。園芸用に流通している明治期に日本に入ってきたヨルガオとよく混同されることがありますが、この夕顔の花は、夕方に開き、朝にはしぼんでしまうため、薄命に終わった夕顔の君のはかない印象と重なります。能の前場《まえば》の花の供養の描写も相まって、《半蔀》のシテは夕顔の君の霊なのか、それとも夕顔の花の精であるのか判然としないところがあります。植物の精をシテとしながら、複数の人物のイメージを重ね合わせる《杜若》の能などに通じるところがあると言えます。

この能の最初に僧が行っている立花供養とは、夏安居《げあんご》（一夏の九十日間の坐禅修行）の間に毎日仏前に手向けられた花の弔いの供養をすることです。その立花供養の法要の場に女が現れるところから能が始まります。《半部》の小書《こがき》として、生花が活けられた立花を舞台正面に置く「立花供養」があります。能の舞台においては造花が用いられるため、生花が使われるこの演出は異色であり、舞台正面に出された立花は大きな存在感があります。色とりどりの花が活けられたたいへん華々しく大がかりな演出であり、上演されることは多くありませんが、機会があればぜひご覧いただきたいと思います。

小書「立花供養」の際、
舞台正面に置かれた立花

加茂

【かも】 — 七七頁

能には社寺縁起を取り上げる演目が数多くあり、脇能《加茂》はそのうちのひとつです。

日本全国に所在する賀茂神社の総本社は京都に鎮座する賀茂御祖《みおや》神社（下鴨神社）と賀茂別雷《わけいかずち》神社（上賀茂神社）です。下鴨神社には父神である賀茂建角身命《かもたけつぬみのみこと》と別雷命《わけいかずちのみこと》の母神の玉依媛命《たまよりひめのみこと》が、上賀茂神社には別雷命が祀られています。

《加茂》の舞台となる下鴨神社の社叢・糺《ただす》の森は、京都市内の中で最も古い樹叢帯のひとつと考えられており、泉川、瀬見の小川、御手洗川、ならの小川が流れる豊かな自然は、今も人々の憩いの場となっています。

あらすじと見どころ

播州（兵庫県）室《むろ》の明神の神職たち（ワキ・ワキツレ）が京都の賀茂神社に参詣すると、川辺に新しい壇を築き白羽の矢が立てられていたので、水汲みに来た二人の女人（前シテ・前ツレ）にその謂れをたずねます。昔秦氏女《はだのうじにょ》がこの川で水汲みをしているところに川上から白羽の矢が流れてきたので持ち帰って家の軒に指しておくとやがて懐胎し男子を生んだこと、その子が3歳になるとこの矢が父であると指さし、この矢と母子が後に賀茂三所の神として祀られるようになったことを里女たちは語ります。女人たちは謡い戯れながら水を汲み終えると、自らこそがその神であると明かして消え失せます。しばらくすると美しい御祖の神（後ツレ）が現れて美しい舞を舞い、裳裾《もすそ》を潤して涼をとっていると山河草木が震動して別雷神（後シテ）が出現します。別雷神は雷鳴を轟かせ風雨を起こして大いに神威を示し、五穀成就、国土守護の誓いを示した後、御祖の神は糺の森へ、別雷神は天上へと飛び去って行くのでした。

この能の前場の見どころは、京の川尽くしを謡い語りながら水を汲む場面でしょう。夏の清流の爽やかなみずみずしさが感じられる美文で作られており、川のせせらぎの音が聞こえてくるようです。後場《のちば》では、本体を現した御祖の神が優美な舞を見せ、その後に登場する別雷神は一転して雷神の猛威を力強く表現します。別雷神が踏み鳴らす足拍子は雷鳴を表現しており、ただの足拍子が謡《うたい》のリズムにあわせて踏まれることで雷鳴の轟《とどろ》きのように聞こえてくるのが不思議です。

稲妻という言葉の語源は「稲の夫」であるとされています。稲の収穫期は雷が多い時期にあたるため、雷光によって稲が受精するのだと古代人は考えたのです。また雷とともに降り来る雨水は、農業において欠かすことのできないものです。古代の人々にとって自然の猛威が生活に及ぼす影響は凄まじく、激烈な大雨、雷は恐ろしいものでした。しかし、またそれは大地を潤し五穀を実らせ、人々に恵みをもたらすものでもあります。このことから、雷雨を司る別雷神が壮烈な迫力を示しながらも五穀豊穣を約束し、また前場の川尽くしの謡にこめられた水の描写も、一貫したテーマを読み取ることができます。農業生活を営む古代人の素朴な信仰を感じられる盛夏の爽やかな演目です。

能の小道具「作り物」

演目によっては観客の想像を助けるため、作り物と呼ばれる簡素な舞台装置が用いられることがあります。舟や車などを表す作り物の多くは、竹を組んで布を巻いただけの抽象的なもので、はじめて見ると何を表現しているのかわからないかもしれません。作り物もまた想像を加味して見ていただく必要があります。《加茂》の能では、角台に白羽の矢を一本立てた矢立台《やたてだい》の作り物が舞台正面に置かれます。これは賀茂神社の神体の矢の祭壇を表しており、この演目でのみ用います。たいへん印象的なこの作り物を用いることから、古くはこの演目を《矢立鴨》という曲名で呼んでいたこともあったようです。

鵜飼

【うかい】――七八頁

夏になると、全国各地の河川で鵜飼が行われます。よく知られているのは、織田信長も後援したとされる岐阜県の長良川の鵜飼でしょうか。この鵜飼という漁法の歴史はたいへん古く、『日本書紀』『古事記』にもその記述が見られるようです。夜の篝火《かがりび》の中、素早い潜水を得意とする鵜の特性を用いたこの漁法は見る目にも面白く、芸能の題材として古くから取り入れられています。能《鵜飼》は、甲斐国（山梨県）石和川《いさわ》で鵜飼を生業《なりわい》とし、殺生《せっしょう》の罪で地獄に堕ちた一人の男が主人公です。中世の仏教思想をテーマとして、鵜飼を模した写実的な演技が魅力の五番目切能です。

あらすじと見どころ

安房国（千葉県）清澄《きよすみ》の僧（ワキ・ワキツレ）が鎌倉を通って甲斐国に入り、石和川の畔まで来て一夜の宿を乞いますが、所の大法（きまり）のため断られます。やむなく川辺にある御堂に泊っていると、夜になって鵜使《うつかい》の老人（前シテ）が鵜を休めるために御堂に上がって来ます。同行の僧はこの老人を見て、数年前にこの石和川の下流の岩落という所で一夜のもてなしを受けた鵜使に似ていると言うと老人は、その鵜使は禁漁を犯した罪科により処刑されたと語り、自分こそ殺された鵜使の亡者であると正体を明かします。僧の求めに応じて、老人は罪障懺悔《ざいしょうさんげ》のため鵜を使う様を見せ（鵜之段）、やがて月明りに照らされて名残を惜しみつつ闇の中に消え失せます。僧たちは川瀬の石を拾い、法華経の経文を小石に一字ずつ書きつけて川へ投げ入れ亡者の回向《えこう》をしていると、地獄の鬼（後シテ）が出現します。かの鵜使は犯した罪業のため、無間《むけん》地獄に堕ちるところ、僧を接待した功徳によって極楽に送られることになったと地獄の鬼は告げ、法華経を礼讃し物語は終わります。能《鵜飼》は、前場のシテが鵜使の老人の亡霊、後場のシテが地獄の鬼であり、まったくの別人物を一人のシテが演じます。この能の一番の見どころは、前シテが鵜を使う様子を再現して見せる「鵜之段」と呼ばれる場面でしょう。萩の枝を束ねた先に赤い毛の炎をつけて表現した松明《たいまつ》を振りながら、鵜を使って魚を追い回す型によって演じられる名場面です。以下に「鵜之段」の詞章を引用します。

湿る松明振り立てて、藤の衣の玉だすき、鵜籠を開き取り出だし、
島つ巣おろし荒鵜ども、この川波にばっと放せば面白の有様や、面白の有様や、
底にも見ゆる篝火に、驚く魚を追ひ廻し、潜き上げ抄ひ上げ、隙なく魚を食ふ時は、
罪も報いも後の世も、忘れ果てて面白や。みなぎる水の淀ならば、生簀の鯉や上らん、
玉島川にあらねども、小鮎さばしるせぜらぎに、かだみて魚はよもためじ。

不思議やな篝火の、燃えても影の暗くなるは、思ひ出でたり、月になり行く悲しさよ。鵜舟の篝影消えて、闇路に迷ふこの身の、名残惜しさを如何にせん、名残惜しさをいかにせん。

「鵜之段」は、鵜を使い魚を追う姿を写実的な型で表す、この曲以外には見られない特徴的な舞であり、鵜使の亡霊の狂気じみた漁への陶酔が垣間見える場面でもあります。鵜使の亡霊は、仏教思想の五戒のひとつである殺生の罪を犯していることに苦悩しながらも、鵜飼の楽しさにとり憑かれて我を忘れて興じてしまっており、過ちを自覚しつつも改めることのできない、人間の潜在的な罪深さが見事に表現されています。

法華経礼讃

登場する旅僧は、安房国清澄を出発し甲斐国へと向かう途中でこの鵜使の亡霊と出会います。安房の清澄寺《せいちょうじ》は日蓮が出家得度した寺であり、また甲斐には日蓮宗の総本山である身延山久遠寺《みのぶさんくおんじ》があることから、この旅僧は日蓮を想定して作曲されたのだろうと思われます。

《鵜飼》の能は、《阿漕《あこぎ》》《善知鳥《うとう》》の二曲とともに「三卑賤《さんひせん》」と呼ばれ、いずれの演目も狩猟に従事し殺生を生業としたため地獄に堕ちた人々を描いています。共通したテーマを描く一方、演目ごとに異なる特徴があり、《阿漕》《善知鳥》に登場する漁（猟）師の亡者は最後まで成仏できず救いがない結末ですが、《鵜飼》では僧への一夜の接待、法華経の功徳により鵜使の亡霊は成仏します。旅僧が日蓮であることをほのめかしていることからも、法華経礼讃、仏法の勝利がこの能を貫くテーマとなっていると言えるでしょう。

切能《鵜飼》の鬼の面

鬼の面としては、《鵜飼》の後シテである地獄の鬼の役には、「小癋見《こべしみ》」という能面を用います。口を真一文字に結び、力を込めてじっと前方を睨みつける形相です。このような口元の形をヘシ口ということから面の名前が付けられています。癋見面は他にも「大癋見」「悪尉《あくじょう》癋見」「長霊《ちょうれい》癋見」など様々な種類があり、演目の役柄によって使い分けられています。小癋見は能《鵜飼》《野守》をはじめ、地獄の鬼神の役柄などに用いられますが、このことについては世阿弥の芸談を子息の元能《もとよし》が筆録した『申楽談儀《さるがくだんぎ》』に以下のように記されています。

小癋見は世子（世阿弥）着出《きいだ》されし面也。余の者着べきこと、今の世になし。かの面《めん》にて、鵜飼をばし出だされし面也。異面《ことめん》にては、鵜飼をほろりとせられし也。面も、位に相応たらんを着べし。

このことから、「小癋見」の面は世阿弥が《鵜飼》を演じた際に初めて用いられたことがわかります。様々な試行錯誤を経て能が生み出されていた時代であり、榎並《えなみ》左衛門五郎作とされる《鵜飼》の能は世阿弥が「小癋見」を用いたことで現在の形に完成を見、同時に「小癋見」の面も能の舞台において活かされたのです。より良い能を模索する強い探究心がうかがえ、いつの時代もわれわれ能楽師はかくあらねばならないと思わされます。

龍謹雑録　石和鵜飼は徒歩《かち》鵜

本曲の史跡として、山梨県笛吹市石和町に所在する遠妙寺《おんみょうじ》があります。この地を訪れた日蓮の前に鵜使の亡霊が現れ、小石に法華経を一字ずつ書き入れる三日三晩の川施餓鬼《かわせがき》で鵜飼の霊を済度したという故事が遠妙寺に伝わっています。現在も川施餓鬼が同寺の行事として行われているそうです。また遠妙寺の近くの笛吹川では、石和鵜飼が披露されています。鵜飼というと一般的には篝火《かがりび》をともした鵜舟で行われるものだと思ってしまいますが、石和鵜飼は鵜匠が川を歩きながら鵜を操る珍しい徒歩鵜です。しかし、《鵜飼》では「鵜舟に灯す篝火の」と謡われるため、能では徒歩鵜ではなく鵜舟に乗って鵜を操る漁法を描いていると思われます。

枕慈童

【まくらじどう】——八〇頁

中国では古来、奇数を縁起の良い「陽」、偶数を縁起の悪い「陰」の数とし、旧暦の九月九日はもっとも大きな陽数である九の重なる日であることから「重陽の節句」と呼ばれました。日本には平安時代に中国より伝わり、菊の咲く季節でもあることから菊の花を浮かべた菊酒を飲むなどして無病息災を願うため、「菊の節句」とも呼ばれます。この菊によって邪気を払い長寿を祈願する節句に深い関わりを持つ能《枕慈童》。菊水によって不老不死となった少年の、喜びと悲しみを描く物語です。

あらすじ

霊水の湧き出た源流を求めて魏の文帝の命により勅使（ワキ）と従臣（ワキツレ）が酈県山《てっけんざん》に赴くと、菊の籬を巡らせた庵に佇む少年（シテ）は、周の穆王《ぼくおう》に仕えた慈童であると名のり、枕にかかれた王の筆による二句の偈を示しました。周の時代より700年の命を保った霊水を勅使にすすめ、自らも飲み、酔いに任せて舞を舞い、やがて菊をかきわけて庵に帰っていくのでした。

中国を由来にした題材にした能の演じ方

能の演目の中には日本国内の物語のみならず《西王母《せいおうぼ》》や《邯鄲《かんたん》》など、中国の神話や説話、人物を題材とした演目が数多くあります。古来、大陸文化は日本人にとって強い憧れの対象であり、能の演目もその影響を色濃く受けています。世阿弥は『風姿花伝』第二物学《ものまね》条々の中で、女・老人・直面《ひためん》・法師・修羅・神・鬼に続き「唐事《からごと》（唐物《からもの》）」の演じ方については、

これは、およそ、格別の事なれば、定めて稽古すべき形木《かたぎ》もなし。ただ、肝要、出立《いでたち》なるべし。

と論じています。特殊な物真似ゆえに取り立てて修練すべき手本はなく、扮装にこだわって演じるべき旨を説いています。この世阿弥の言葉どおり、唐物と分類される演目群は唐人風の演技を特別に演じる技法が能にあるわけではなく、その多くの作品では登場人物の扮装によって中国風の雰囲気を表現しています。この《枕慈童》でも慈童が唐団扇《とううちわ》を手にして舞を舞い、大臣が唐冠《とうかんむり》を頭上に着装することで唐物の演目であることを表しています。舞われる宮廷舞楽の旋律を模した「楽《がく》」という囃子の演奏による舞は唐物の演目で舞われることが多く、この「楽」が唐物の能に対して音楽面による表現であると言えます。

永遠の願い、不老長寿がテーマの能

能《枕慈童》は、慈童説話をもとにして作られた定番の演目です。慈童説話とは『太平記』巻十三や『三国伝記』などに見られ、その内容はおおむね以下のとおりです。

周の穆王は8頭の駿馬を手に入れ、その八駿に乗って遠く天竺（インド）の霊鷲山《りょうじゅせん》まで旅をする。霊鷲山にて釈尊（釈迦）の説法を聞いた穆王は、八句の偈文を賜って国に戻る。穆王の寵愛する慈童という少年が誤って穆王の枕を跨《また》いでしまい、その罪で慈童は酈県山に流罪となるが、これを哀れんだ穆王は慈童に八句のうち二句の偈文を授ける。慈童が酈県山にて菊の葉に偈文を書きつけ、その葉より滴った露を飲むと神仙の力を得、また下流の人々も長生となる。幾百年ののち、魏の文帝の前に彭祖と名をあらためた慈童が現れ、文帝に偈文を授ける。この教えにより皇太子の即位に際してこの偈文を授け、長寿を祝福する即位法を取り入れることとし、また、いまの重陽の宴の起こりとなる。

この慈童説話を題材とした能は複数あり、金剛流では《枕慈童》の類曲として《彭祖《ほうそ》》があります。《枕慈童》が酈県山での出来事であるのに対して、《彭祖》はその後に魏の文帝に偈文を授けに来る物語ですが、いずれも慈童説話という同一の題材を典拠として作曲されたものに違いはありません。また能《邯鄲《かんたん》》では、皇帝に即位し五十年が経過した盧生《ろせい》に対し子方《こかた》が舞を舞い、菊水の盃を差し出して1000歳までの長寿を祈ることもこの不老長寿の菊水の物語をもとにして描かれている場面でしょう。菊水と長寿という関連を能のさまざまな文脈で見ることができます。

金剛流独自の小書《こがき》

金剛流のみに伝わる珍しい小書として〈前後之習《ぜんごのならい》〉があります。現在、能楽五流で演じられている《枕慈童》は、魏の文帝に仕える臣下たちが登場する場面から始まる一場物《いちばもの》（前場と後場がわかれていない構成）の能となっていますが、古くは前場後場に分かれた二場物《にばもの》の能でした。この小書で演じられる際は古式の演出に則り、慈童が酈県山に連れて行かれ、流刑地に置き去りにされる場面から始まります。虎や狼のみの住む人外境である深山で、もと来た道の橋板を取り離されて戻ることの叶わなくなった慈童の嘆きを前場で描きます。中入りののち後場《のちば》からが現行の《枕慈童》となる構成であり、前場と後場の間で七百年の年月が流れたという、非常に時間的なスケールの大きな演出になっています。現在の《枕慈童》の能は、重陽の節句にちなみ菊水の徳を讃える祝言色の強い演目となっていますが、〈前後之習〉で演じられた際は、慈童の孤独、不老長寿の悲しみを感じさせる演目として新たな魅力がご覧いただけることと思います。

「童子」の面の傑作

シテ慈童の役に用いる能面として「童子」の面があり、《田村》《小鍛冶《こかじ》》の前シテなど少年の役を演じるための造形となっています。いずれも神性を帯びた少年の役柄に用いるためその造形には若干の妖しさがあり、少年の顔でありながらもどこか侵しがたい気配を纏《まと》っています。掲載の童子は三井記念美術館に所蔵の千種《ちぐさ》作とされる坂戸金剛家本面であり、現存する童子面の中では最高の作のひとつでしょう。《枕慈童》での不老長寿の妖精のような雰囲気を表現するのに最適な面です。

龍謹雑録　祇園祭の菊水鉾と金剛流

七月の京都の風物詩であり日本三大祭のひとつに数えられる祇園祭では、「動く美術館」と言われる豪奢な意匠を凝らした山鉾の巡行が見どころとなっています。その山鉾の様々な意匠は「橋弁慶山《はしべんけいやま》」「木賊山《とくさやま》」など、能の演目にちなんだものが多く見られます。山や鉾は山鉾町と呼ばれる地域の町で保存管理されており、長刀鉾町《なぎなたぼこ》などそれぞれの町名は祇園祭の山鉾に由来して名付けられています。平成15年に現在の烏丸一条に移転されるまで、金剛流の拠点であった旧金剛能楽堂は四条室町に所在し、能楽堂内にはかつて千利休の茶の湯の師とされる武野紹鷗《じょうおう》が好んだ名水「菊水の井」がありました。私の知る限りではすでに井戸は枯れ井戸となっておりましたが、父の若いころはまだ地下水が湧き出ていたそうで、その涌き出る水の波紋が菊の葉のように見えたことに由来する名付けだそうです。この菊水の井に着想を得て作り出されたのが菊水鉾であり、能《枕慈童》の物語をもととして鉾の天王座には彭祖像が祀られ、稚児人形は菊丸さんと名付けられて《枕慈童》の能装束が着付けられています。この人形の装束の着付けは現在も金剛流能楽師が担当しており、父と私は毎年の山鉾巡行にて菊水鉾のお供をさせていただいております。祇園祭、京都の町と金剛流との関係の深さを見る一例となっております。

松風

【まつかぜ】

—— 八二頁

能の歴史の中で、およそ三〇〇〇曲もの演目が作られたとされています。その大半が、曲の完成度の低さや上演上の不都合など様々な理由で廃曲となり消えていきました。現在上演されている二五〇番ほどの現行曲は人々にながく愛され、およそ六百年もの歴史を生き抜いてきた演目なのです。その現行曲の中で時代を超えて格別に観客に好まれてきた演目があります。俗に「熊野《ゆや》松風に米の飯」と言われるように、ご飯のように飽きのこない演目として《熊野《ゆや》》《松風》の二曲は古くから人々に親しまれ、愛されてきた人気曲です。《熊野》は病床にある母を想う娘の胸中を描いた春の能、《松風》は在原行平《ありわらのゆきひら》を想う姉妹の恋慕を描いた秋の能。《熊野》は春の曙、《松風》は秋の夕暮れとも言い、対比されて語られることの多い二曲でもあります。

世阿弥の著書『三道』には「松風村雨、昔、汐汲也」と記されており、能《松風》は、観阿弥と同時代の代表的な田楽役者の亀阿弥《きあみ》の作曲した《汐汲》を、観阿弥が《松風村雨》として能に改作し、さらに子の世阿弥が手を加え現在の形に作り上げたとされています。二人の天才の貪欲な創作意欲が能を代表する名曲を生み出したと言えるでしょう。

あらすじ

諸国を巡る僧（ワキ）が須磨の浦を訪れると、札を打ち短冊をかけた曰くありげな松を見つけます。浦人に謂われを問うと、在原行平に愛された松風（シテ）・村雨（ツレ）という姉妹の海女《あま》の旧跡と聞かされ、僧は懇《ねんご》ろにその跡を弔います。早や秋の日は暮れ、やがて月明かりの中に二人の海女が汐汲みを終えて汐汲車を引いて帰ってきます。僧はその海女の塩屋に宿を借り、先程海岸で見た松風村雨の旧跡の松を弔ったことを話すと二人は共に涙を流し、実は自分たちこそ松風村雨の霊であることを明かします。二人が昔この地に流されてきた行平の寵愛を受け、後に都に帰った行平が早逝したことなどを語るうち松風は恋慕の情に心乱れ、行平の残し置いた形見の烏帽子・狩衣《かりぎぬ》を身に着け、松を行平に見立てて寄り添います。その姿を村雨は窘《たしな》めますが松風の行平への恋慕はやみ難く、狂恋の舞を舞い懐旧の情に松をかき抱きます。やがて二人は僧に回向を乞い、姿を消し、あとには浦を吹き渡る松風のみが残るのでした。

汐汲みの演出

能《松風》では物語の内容に深く関わる松の立ち木と汐汲車の二つの作り物が出されます。汐汲車とは塩を作るため海水を汲んだ水桶を運ぶ車であり、海女の姉妹である松風村雨はこの汐汲みを生業《なりわい》としています。松風村雨の姉妹が登場した後、須磨の美しい情景の中で月明かりに照らされながらの汐汲みが前半の大きな見どころです。この汐を汲む場面には流儀ごとに様々な演出があり、一度汐を汲んだ水桶の中にゆらぐ月をじっと見て、もう一度汐を汲むというのが金剛流の演じ方です。「月は一つ　影は二つ。満つ汐の夜の車に月を載せて。憂しとも思わぬ、汐路かなや」という詞章の中で松風村雨二人の水桶に映る二つの月影を見ながら、車に月を載せて家路につくという幻想的な名場面です。やがて姉妹は僧に対して行平の思い出を述懐し、形見を纏《まと》った松風の心は狂乱していきます。ここから終曲に至るまでの後半の《松風》特有の展開は素晴らしく、まさに名曲といえる圧巻の盛り上がりと余韻を堪能できます。

在原行平とは

松風村雨の想い人である在原行平は『伊勢物語』で有名な在原業平の兄で、歌人としても有名です。実際の行平は長寿を全うし、海女の姉妹との恋もフィクションではありますが、この物語は後世の人々に好まれ様々な芸能に影響を及ぼしました。余談ではありますが、和風鍋の「雪(行)平鍋」の名称の由来は、行平が須磨の海女に塩を焼かせた故事によるという説があります。この能のシテは姉の松風、ツレは妹の村雨です。どこまでも純粋に懐かしい恋に心乱れる松風と、もはや叶わぬ恋を冷静に見つめる村雨。行平を想う気持ちは同じながら、異なる心情を二人の役を通して表現します。シテの松風はもちろんですが、このツレの村雨も大役であり、シテと拮抗するくらいの力量を持つ役者でなければ勤めることはできません。

能面「孫次郎」

金剛流での《松風》の演能ではシテの松風に「孫次郎」を、ツレの村雨には「小面」の能面を主に用います。孫次郎は小面と同様、若い女性の役柄に用いられる能面ですが、小面が若く瑞々しい乙女の表情を描いているのに対し、孫次郎には艶のある落ち着いた表情の作品が多く見られ、小面よりも少し年齢を重ねた女性の印象があります。金剛流ではこの孫次郎を女面の中でも特に大事に扱って、若い女性を描いた三番目鬘物の演能で用いています。

能の女面は年齢によって、若い女性、中年の女性、年老いた老女の三つに大別することができます。中でも、三番目鬘物の若い女性を演じる際には、観世は「若女《わかおんな》」、宝生は「節木増《ふしきぞう》」、金春・喜多は「小面《こおもて》」、金剛は「孫次郎」と、かつては流儀ごとに女面の使い分けが定められておりました。女面の種類が増え、また使い分けが固定されたのは江戸時代に入ってからで、それ以前の時代には現在見られる多彩な女面の種類はまだ確立されていなかったようです。豊臣秀吉によって全国の座が大和猿楽四座《やまとさるがくよざ》に統一された後、徳川幕府の保護のもと鎬《しのぎ》を削った各流の能役者にとって、女面の種類により味わいの異なる能を流儀ごとに演じわけることで各々の芸風を主張する必要があったのでしょう。現在ではそこまで厳格に使いわけが定められてはいませんが、流儀ごとの女面を大事にしていることは変わりありません。

龍謹雑録　能面「孫次郎」誕生秘話

金剛流が大切にしている美しい女性の能面に、なぜ「孫次郎」という男性の名前がつけられているのか不思議に思われませんか。その由来は、孫次郎という面が完成した経緯によるものなのです。現在、三井記念美術館に所蔵される「孫次郎」のうち、金剛流の祖先である金剛孫次郎（八世金剛右京久次）が若くして亡くなった美しい妻の面影を偲んで打ち上げたという伝承の残る一面があります。この女面はその後、作者の名をとって「孫次郎」と呼ばれるようになり、孫次郎が打ち上げたとされる一面はその謂われから特に「オモカゲ」（八四頁）と呼ばれています。その造形は、匂い立つような美しさをたたえつつも、亡き妻の面影を偲んだという伝説が残ったことが頷けるどこか寂しさを感じさせる表情です。舞台で用いる面としてはその細やかな造形も相まって少し暗さを感じさせますが、その歴史的意義や美術的な素晴らしさはひときわ光芒を放っています。

現在、金剛流の舞台で用いている「孫次郎」の中で特に優れたものは、河内家重作の「孫次郎」

（八五頁）でしょう。河内家重は江戸初期に活躍した面打ちで本名を井関十兵衛と言い、世襲面打ち家の近江井関家に生まれました。当時から名工としての誉れ高く、現代でも稀代の面打ちとしてその評価は全く色褪せることはありません。室町時代は数々の新しい種類の能面が生み出された正に創作の時代でしたが、能面の種類は安土桃山から江戸時代初期にかけてほぼ出揃い、以降の面打ちの主たる仕事は「写し」といわれる古作の名品の模作となります。写しは手本面である本面に比べどうしても勢いや迫力に欠けてしまいがちですが、その中で河内家重は本面の造形を写しとることのみならず、その面が表現すべき本質を摑み取り、より洗練された数多くの写しを作り上げました。まさに天才と言うべき河内作の能面は現在も多くの舞台で輝きを放っています。この河内作の「孫次郎」も金剛家の代々が大変好み、父も祖父も曾祖父もおそらく鬘物の能はこの面で勤めたことが最も多いであろうと思われます。明治期に京都の観世流の名手であった片山九郎右衛門晋三氏（1846～1890）が「べっぴんさん貸してんか」と演能に際してしばしばこの「孫次郎」を借りに来られた話も逸話として残っております。ただ、私の高祖父である謹之輔はこの「孫次郎」をあまり好まず舞台でもそれほど用いなかったようです。その理由はあまりに美しすぎるからであるからとのこと。正に艶麗というべき優れた女面です。

井筒

【いづつ】――八三頁

秋を代表する演目のひとつに《井筒》があります。作者は能作に比類なき才能を発揮した世阿弥であり、世阿弥自身が『申楽談儀《さるがくだんぎ》』の中で「井筒、上花也」と自負した自信作です。世阿弥の考える幽玄の世界がひとつの完成をみた演目であったのでしょう。

能が始まると、舞台正面に井筒（井戸の枠）を模した作り物が出されます。井桁に組まれた板の端に一叢の薄《すすき》が立てられたこの井筒の作り物によって閑寂な秋の景色が表現され、また曲中のもっとも重要な場面において大きな効果をもたらします。在原業平《ありわらのなりひら》が主人公とされる『伊勢物語』二十三段を典拠とした、三番目鬘物の代表的な演目です。

あらすじと見どころ

諸国を巡る僧（ワキ）が南都（平城京）から初瀬（長谷寺）へ行く途中、石上《いそのかみ》の在原寺に立ち寄ると、一人の里女（前シテ）が塚に花水を手向け弔《たむ》いをしています。女は僧に問われると、これは在原業平の塚だと答え、昔語りを始めます。幼馴染の紀有常《きのありつね》の娘と契った業平が、河内国（大阪府）高安《たかやす》の里の他の女の許に通った時、紀有常の娘が歌を詠んで女の真心を示したこと、井筒の傍で共に遊んだ幼時の思い出のことなどを語った後、自らこそ井筒の女と呼ばれた紀有常の娘の霊であることを明かして井筒の陰に隠れます。その後、ここで一夜を過ごす僧の夢の中に紀有常の娘（後シテ）が業平の形見の直衣《のうし》を着て現れ、美しい舞を舞い、井筒の水鏡に己が姿を映して業平の面影を忍びます。そして明け方近くなると姿を消し、僧は夢から覚めるのでした。

能《井筒》は『伊勢物語』二十三段の次のような物語を軸にして作られています。

幼いころ井戸のまわりで遊んでいた男女の子どもは、次第に成長し相思相愛の関係であったが、親の反対によってその想いを伝えることができずにいた。あるとき男は「筒井筒井筒にかけしまろがたけ　過ぎにけらしな妹見ざる間に」と女に歌を贈り、女は「比べ来しふりわけ髪も肩すぎぬ　君ならずして誰かあぐべき」と男に歌を返し、ついにふたりは晴れて結婚する。しかし時が経って女の親が亡くなり生活が貧しくなるにつれ、男は河内国高安に住む女の許へ通うようになってしまう。妻があまり気に留める気配もないので、男は妻の浮気を疑い、いつものように高安へ通うふりをして植え込みに隠れていると、「風吹けば沖つ白波竜田山　夜半にや君がひとり越ゆらむ」と妻が歌を口ずさんでいるのを聞いて男はこの上なく愛おしく思い、高安の女のもとへ通わなくなった。

じつは能《井筒》の物語を『伊勢物語』本文から読み取ることはできません。在原業平と紀有常の娘が夫婦であったことは史実とされていますが、この筒井筒の物語の夫婦は「田舎わたらひ（地方廻り）」する親を持つ男女であり、また在原業平と紀有常との年齢的な視点からもこの幼馴染の夫婦を在原業平と紀有常の娘とするのは無理があります。およそ関わりのないふたりの男女の物語に、在原業平と紀有常の娘の姿が重ねられているのです。中世には『伊勢物語』に様々な解釈が加えられた注釈書が数多く書かれ、この二十三段の男女は在原業平と紀有常の娘を描いたものであるという解釈が広く一般に浸透していたようです。能《井筒》は『伊勢物語』が直接的に演劇化された作品ではなく、『伊勢物語』の中世的解釈に基づいて作曲された演目なのです。

静止にこそ渦巻く力が漲《みなぎ》る

前場《まえば》で過去を回想し僧に語って聞かせる場面に至ると、中入りで幕に入る直前までシテは舞台中央でじっと座り、ほとんど動きがありません。このように舞台上で身じろぎせず観客の視線を集める場面は、われわれ役者にとってたいへんな緊張を要するものです。ぼんやりとただ座っているのではなく、凄まじい内面のエネルギーを必要とします。私の曾祖父の初世巌《いわお》は、「強い勢いで回転しているコマは一見静止しているかのように見えるのと同じことである」と表現しています。内面の力がなければ緊張感のある良い舞台はできません。舞台上を動いて舞を舞うことだけが能の舞ではないのです。

日本の伝統文化では余白が重要な意味を持ちます。最小限の理にかなった所作やしつらえによってかたち作られる茶の湯はもちろんのこと、たとえば日本画の優れた作品が余白を大いに活かして対象物を際立たせていることなどが良い例でしょう。これは能においても同様です。微動だにせず止まることによって、わずかな能面の動きや型の動きに大きな意味を持たせることができ、また動かぬ場面を作ることで演目のヤマ場となる舞どころを際立たせることができるのです。これほどに能では動かない芸が大事なものであり、われわれ能楽師にとって常日頃の稽古で練り上げねばならないものなのです。初めてご覧になったお客さまにとっては何もせず進行する演劇に戸惑われるかもしれませんが、舞台上で静かに居る演者の中に渦巻く力をぜひ皆さまに感じていただきたいと思います。

さて、後場になると、井筒の女の霊が業平の形見の初冠《ういかむり》と直衣《のうし》を着けて現れます。面のみ美しい女面を用いた男装の麗人の出で立ちであり、「昔男に移り舞」という詞章で表現される美しい舞を舞います。やがて舞いゆくうちに業平への思慕は高まり、薄《すすき》をかきわけ井筒の中を覗き込む場面ですべての音は消え、一瞬の静寂が生まれます。この一曲を通してもっとも美しい見どころです。水面に写る形見の衣を纏った自らの姿に業平の面影を見た井筒の女の霊は、やがて夜明けとともに姿を消し、僧の夢は覚めて物語は終わります。

能面によって変わる演出と「業平菱」の文様

現在の《井筒》では、若く美しい女面「小面」「孫次郎」系統以外の能面を用いることはまずありませんが、室町末期頃の記録によれば「十寸神《ますかみ》」という女面を用いる演出もあったようです。この「十寸神」は狂乱や神が憑いた女性の表情を表し、その造形の特徴として乱れた髪や眉間のしわなどが見られます。この「十寸神」を用いるときは、後場《のちば》の舞も狂乱を表す「カケリ」を舞うらしく、夫の愛を奪った女への嫉妬に狂う井筒の女の内面が強調された演出です。現在では、井筒の女はいじらしく夫の帰りを待つ貞淑な女性として描かれており、演出によって大きく井筒の女の印象が変わってしまいます。過去の様々な試みを経て現在の演出に落ち着いたということがわかります。

また、《井筒》の後《のち》シテの装束に「業平菱」の文様の長絹《ちょうけん》を用います。これは業平の形見の直衣を表しており、この業平菱は花菱・鶴菱など数多くの種類のある菱文のひとつです。菱文は織物の文様として考案されているため、規則的に文様が連続し、幾何学的に構成されています。《井筒》で業平菱の長絹が用いられたことから、広く一般に業平菱の文様が広まっていったとされ、現代の和の装いでもなじみ深い文様となりました。

龍謹雑録　『伊勢物語』二十三段と能《井筒》

『伊勢物語』二十三段にちなんだ茶道具の名物に「筒井筒」の銘を持つ大井戸茶碗があります。天下人である豊臣秀吉が愛蔵した井戸茶碗でしたが、あるとき秀吉の近習がこれを割ってしまい秀吉は激怒します。そのとき居合わせた細川幽斎が「筒井筒五つにわれし井戸茶碗　とがをば我に負ひにけらしな」と咄嗟の機転で狂歌を詠み、秀吉の不興を解いたという有名な逸話がありま す。細川幽斎は武芸のみならず、茶の湯、歌道など諸芸に通じた文武両道の文化人で、能もまた例外ではなく特に太鼓の名手であったと伝わります。

船弁慶

【ふなべんけい】 ― 八六頁

小説には、歴史小説もあれば、推理・ファンタジー・SF・恋愛など多くのジャンルがあるのと同様、能の演目も様々なジャンルのものがあります。たとえば源平の武将を題材としたもの、男女の恋物語、または人間の老いや鬼神の恐ろしさを描いたものなど演目ごとのテーマは多岐に亘ります。能《船弁慶》は『平家物語』『吾妻鏡』などを題材に、流浪の身となった源義経を中心として様々な登場人物による劇的な展開を楽しめる演目です。この能は人間の本質を深く掘り下げたような哲学的な問題を描いたものではなく、初めて能をご覧になる方にも難しいことは考えずにお楽しみいただけます。前場《まえば》での静御前の別れの舞、そして後場《のちば》での襲い来る平家の怨霊との対決と、変化に富んだ展開が魅力の五番目切能の人気曲です。

あらすじと見どころ

源義経（子方）は、兄 源頼朝との不和から都落ちを余儀なくされ、武蔵坊弁慶（ワキ）らわずかの供（ワキツレ）を連れて摂津の大物《だいもつ》の浦（兵庫県尼崎市）へと向かいます。女の身でこれ以上の同道は難しいと都へ帰るように諭された静御前（前シテ）は、別れの酒宴で舞を舞い、再会を信じて涙ながらに立ち去っていきます。やがて義経一行の船が海に出ると間もなく、静かな海上は俄かに黒雲がたちこめ暴風雨となって荒れ狂い、滅亡した平家一門の悪霊が恨みを晴らさんと海上に現れます。平家の総大将である平知盛《とももり》の亡霊（後シテ）は長刀《なぎなた》を振りかざして義経に襲いかかりますが、弁慶の法力によって引く汐に流されて消えていくのでした。

源義経は日本人の誰もが知る歴史上のスーパースターであり、古典芸能の世界でもっとも登場することの多い人物のひとりでしょう。浄瑠璃や歌舞伎では義経を描いた演目を「判官物《ほうがんもの》」といって一ジャンルとして分類されるほどです。能の演目でも《八島》《橋弁慶》《烏帽子《えぼし》折《おり》》《鞍馬天狗》など義経について描いた作品が数多くあります。

源義経、幼名 牛若丸は、生まれ落ちた後まもなくして父の義朝が平治の乱で命を落とし、母常盤や兄たちとの逃避行、不遇な少年時代を送るも長じてのちは軍事の天才的才能を発揮し、木曾義仲追討、平家を滅亡させた立役者としてその名を世に知らしめました。しかしその栄光も長くは続かず、朝廷より官職を受けたことによる兄 頼朝との対立、奥州平泉（岩手県）での悲劇的な最期へと至ります。「判官贔屓」なる言葉まで生まれた後世の義経の人気は、源氏の家系に生まれて大きな功績がありながらも不遇な運命に翻弄された義経の姿が、日本人が古来潜在的に心の中で好む英雄像であることを表しています。

能《船弁慶》は、平家滅亡ののち兄 頼朝との対立により追討される立場となった義経一行が、船での逃避行のため大物の浦へ向かうところより始まります。この能を演じるシテは、前場と後《のち》場《ば》でまったく異なるキャラクターを演じ分けなければなりません。前場は義経の愛妾《あいしょう》である白拍子の静御前。白拍子とは平安時代末から鎌倉時代にかけて流行した歌舞、またそれを演じる芸能者のことです。義経との別れに嘆き悲しみつつも、再会を祈り美しい舞を舞う静御前の姿を演じます。後場はかつて壇ノ浦にて敗亡した平家を代表する武人である平知盛の怨霊。前場での美しい女性の姿、後場での勇壮な平家の大将の姿と、異なる人物を演じ分けねばなりません。数ある能の中でも高い表現力と技術を求められ、見事に演じわけられた際には鮮やかな場面展開、劇的な構成を堪能することができる、たいへん人気の演目です。

幅広い役柄の面「怪士《あやかし》」

《船弁慶》の後シテ・平知盛には「怪士」「三日月《みかづき》」などの能面を用います。中でも徳若作の「怪士」は、《船弁慶》に用いるのに非常に適した面と言えるでしょう。「怪士」を使用する演目は、《鵺《ぬえ》》などの異形の者から《雷電《らいでん》》の菅原道真など高位の怨霊まで幅広い役柄に用いられるため、その造形にも様々なバリエーションが見られます。この徳若作の「怪士」は、怪しさ、力強さを併せ持ちつつも、品位の高さを感じさせる造形が特徴で、《鵺》などの演目ではなかなか用い難く、平家の公達である知盛の霊を演じるために似合った面であるように思えます。

この面も春若作「平太《へいた》」（六四頁）と同様にもともとは喜多家伝来で、おそらく金剛流に入った際には彩色《さいしき》が傷んでいたらしく、私の高祖父である謹之輔があらたに彩色をし、再彩色と面裏に記しています。謹之輔はたいへんに器用な人で、竹内栖鳳《せいほう》に師事し書や画に堪能で、また能面や能道具も巧みに作成したそうです。京都の古くからの料亭や旅館では謹之輔の書画をしばしば目にしますし、謹之輔作と伝わる「小獅子」などの面はいまも舞台でよく用いており、この面の彩色も見事なものだとその多才に感心するばかりです。

小書「白波之伝《しらなみのでん》」

金剛流には《船弁慶》の能では古来複数の小書があり、頻繁に演じられており、中でも「白波之伝」の小書は金剛流の名物とされております。音を立てずに踏む波上の拍子や、波にゆられ流されながら幕に後ろ向きに走り込む所作など、当流ならではの型や動きが多く盛り込まれています。私も《船弁慶》はよく勤めさせていただきますが、「白波之伝」の小書の運動量は物凄く、他流の後場と比して倍くらいの型の数があるのではとの印象を持つくらい、後場の10分間ほどは終始走り続けているような演出です。最後の一の松から幕まで後ろ向きに走り込む型などは難易度が高く、移動量の多さのためシテが間に合わなくなってしまうような舞台も稀にありますが、それだけに鮮やかに演じられた際の舞台効果は素晴らしく、こういった演出が「舞金剛」という呼称を生んだのだろうと実感します。「舞金剛」の名に恥じぬよう、切れ味の鋭い舞を勤めあげることのできる身体、技術をこれからも鍛え続けてゆかねばと思います。

龍謹雑録　新しい時代の「風流能《ふりゅうのう》」

能《船弁慶》の作者は観世小次郎信光とされています。信光は世阿弥の甥である音阿弥《おんあみ》の第七子であり、能の囃子の名手であったようです。舞台での役者としての活躍もさることながら、能作者として大きな功績を残し、生涯でおよそ三十番もの演目を作曲したとされています。信光の作った《船弁慶》《紅葉狩》《羅生門》などに代表される演目群は、世阿弥時代の演目と比べて、ショー的、スペクタクル的な性格の濃さがあげられ、多くの登場人物が活躍し物語の展開も劇的なものが多く、扮装もきらびやかであるため、わかりやすく楽しめる演目が多いことが特徴です。

このような「風流能」と呼ばれる見た目の華やかさを重視した演目群を信光や同時代の役者たちが数多く手がけた理由は、応仁の乱をきっかけに戦国乱世へと突き進んでいった当時の社会情勢によるものとされています。室町幕府管領家の家督争いに端を発した応仁の乱は、やがて足利将軍家、各大名家の問題が複雑にからみあう展開を見せ、その後、約十一年間にもわたる戦乱により主戦場となった京の都は荒廃します。公家や民衆は荒れた京を脱出し、室町期の既存権力は次第に力を失っていきます。将軍家、公家、大寺社などの当時の支配階層による後援を拠り所としていた能役者たちも大きな打撃を受け、新たな支持層の開拓に迫られます。かつての支援者であった支配階層からの援助が期待できない以上、広く一般の人々に能はひらかれなければなりませんでした。かつて世阿弥が知識人である貴人たちを支持者とするための能を作ったこととは真逆の、一般民衆にもわかりやすい能を作る必要性によって生み出されたのが信光らによる風流能であったのです。世阿弥やその後継者たちによって高度な芸術的洗練を遂げて花開いた能が、あまりに高尚な芸術となりすぎたことへの反動という見方もできるでしょう。

だからと言って信光らの作った演目がそれまでに作られた演目にくらべて芸術的に劣るわけではなく、その作品からは信光の和歌・漢詩などの知識の深さがうかがえますし、また演劇としての舞台効果を狙った作曲の巧みさに類い稀な才能が見てとれます。時代の要求に応えた新しい作品作りが、現代に残る能の演目にバリエーションをもたらしてくれたのです。

鉢木

【はちのき】——八八頁

能《鉢木》は、鎌倉武士の清貧、実直が主題とされています。吉田兼好が著したとされる随筆『徒然草《つれづれぐさ》』の中で、鎌倉幕府五代執権北条時頼が台所の隅から取り出した味噌だけを肴に家来と酒を酌み交わしたことが二一五段に、時頼の母がみずから古びた障子の切り貼りをして幼い時頼に倹約の道を説いたことが一八四段に見えるなど、時の権力者であっても謙虚に質素倹約に努めることが鎌倉武士の美風であるとされてきた思想がこの演目の下地にあります。こういった感覚は現代に生きるわれわれにとっても違和感なく受け入れられる価値観ではないでしょうか。劇的な物語で武士社会の人情、美徳が表現された能《鉢木》は、昔も今も人気曲として愛されてきました。

《鉢木》は、能の中でも芝居がかった演目のひとつです。江戸時代前期に名人と言われた能楽師・宝生《ほうしょう》古将監《こしょうげん》重友《しげとも》の言葉に「中入《なかいり》より前は能にあらず、平生世の交りの常をせよ、切《きり》は能なり」とあります。つまり《鉢木》の後場《のちば》は能ですが、前場《まえば》は日常の生活のように舞台を勤めるよう教えています。このように通常の能からは逸脱した演目であるため、シテの佐野源左衛門尉常《げんざえもんのじょうつね》世《よ》を演じるには老練な役者の醸し出す地芸が求められます。曲中の設定では常世の風貌は「年の頃四十ばかりなる男」とされていますが、人生五十年の時代と現代とでは同じ年齢でも大きな隔たりがあり、現代の40歳前後の能役者がこのシテを本当の意味で演じるのは困難であるように思われます。

あらすじと見どころ

諸国行脚の僧（前ワキ）が信濃国（長野県）から鎌倉へ向かう途中、上野国《こうずけ》（栃木県）佐野で大雪に遭い、とある一軒家に宿を乞います。家の主である佐野源左衛門尉常世（前シテ）はあまりに貧しい暮らしのため一旦は宿を断りますが、妻（ツレ）の勧めで僧のあとを追い、連れ戻して家に招き入れます。粗末ながらも僧に粟飯をすすめ、薪の用意もないため秘蔵の梅・桜・松の鉢木を焚いて暖をとるなどのもてなしに、僧はいたく感じ入って主人の名を尋ねます。名は佐野源左衛門尉常世であることを明かし、一族のものに領地を横領されて落ちぶれはしたが、鎌倉で大事が起こった時には一番に馳せ参じると覚悟の程を語ります。翌日、僧が夫婦に名残を惜しみつつ宿を立ち去り、しばらくして諸国の軍勢に非常呼集の命が下ります。常世（後シテ）はちぎれた具足《ぐそく》、錆びた長刀《なぎなた》を身に着け、痩せ馬に鞭《むち》打って鎌倉に到着します。諸軍勢の中、みすぼらしい姿の常世があざ笑う人々の中を進み出て平伏すると、御前の執権（後ワキ）は雪の日の旅僧でした。僧は鎌倉幕府執権の最明寺時頼であり、時頼はあの日の言葉を違えなかった常世の忠節を賞め、本領を復帰させる安堵状と、火を焚いた鉢木のもてなしの返礼に、梅・桜・松にちなんだ加賀の梅田・越中の桜井・上野の松井田の新領三ヶ所を加封する御教書を与えます。常世は諸軍勢に大いに誇り、喜び勇んで帰路に着くのでした。

シテの常世が橋掛りに登場しての第一声「ああ、降ったる雪かな」が至難の一句であり、何もないシテの眼前に一面の雪景色を謡い表さねばなりません。その後、一度は宿を断った僧のあとを追い、降り積もる雪の中に佇む僧の姿を見て、藤原定家の歌「駒とめて袖打ち払ふ蔭もなし佐野のわたりの雪の夕暮」を常世は思い出します。白一色に染まる雪景色の中、僧の孤影が点じられた情景が目の前に広がるかのようです。

やがてこの能の一番の見どころである秘蔵の鉢木（大型の盆栽）を火に切りくべる場面となり、鉢木を模した作り物が舞台正面に出されます。その上には積もった雪を表す綿が載せられています。長年、手塩にかけて育てた鉢木を焚いてしまう常世の心情は、再び花咲くことがない自身への諦念の中にも、鉢木を惜しげもなく切り捨てる武士としての気概、潔さが入り混じっています。また、見ず知らずの旅僧のために秘蔵の鉢木を焚く接待の志は、一期一会の気持ちの表れであるといえるでしょう。この場面の心理描写が深いほど、最後の思わぬ誉れにあう歓喜が引き立ち、劇的な展開が強調されます。

後半は、鎌倉武士の主従関係である「御恩」と「奉公」の封建制を軸として物語が進みます。鎌倉幕府と武士の関係における「いざ鎌倉」という有名な言葉は謡には見えませんが、《鉢木》の物語より生まれたとされています。能《鉢木》は人がいかにして生きるべきか、物質的な豊かさのみにとらわれない心の豊かさとは何かを教えてくれます。能ができた頃から、人間の本質は変わっていないのだということがわかります。

素顔の演技「直面《ひためん》」

シテが壮齢の男性の役である場合には、能面を用いないことがあります。《鉢木》のシテである佐野源左衛門尉常世や《安宅》のシテである武蔵坊弁慶などは能面をかけず演者自身の素顔で演じられます。このように面を用いず役柄に扮することを世阿弥は「直面」と呼び、能の演技上の重要な表現であると古くから考えられてきました。能における素顔の演技の特性は、直面という呼び方からもわかるように演者の素顔もひとつの面として考えます。一般的な演劇・芝居であれば役者の表情は感情表現の重要な演技となりますが、能ではどれほど劇的な場面であっても演者はまったく表情を変化させてはならないのです。怒りや悲しみなどを強く表現する場面であっても眉ひとつ動かさない演者の姿は、初めて直面の能をご覧になった方には不思議に思われるかもしれませんが、この直面という考え方には能の抽象表現の面白さがあり、またわれわれ演者にとっては能面の扱いとは別の難しさがあります。表情による一切の演技を排して感情の起伏を表現し、また能面の力を借りず舞台上で大きな存在感を放つことは、確かな芸の力がなくてはなせないからです。

龍謹雑録　名君・最明寺時頼

この能のワキの北条時頼は鎌倉幕府の第五代執権で、出家後は最明寺殿とも呼ばれました。先にあげた逸話にも見られるように質素、堅実な人物であったとされ、訴訟による裁判の公平化を中心とした画期的な民政改革を成し遂げた名君であったと後世に評価されています。民衆を思いやりいたわる撫民《ぶみん》政策で有名な時頼には、ある伝説が生まれました。それがこの能の物語であり、『増鏡』『太平記』などにも見られる時頼が民情視察のために諸国を廻ったという「廻国伝説」です。広く巷間に流布したこの最明寺時頼の廻国が実際に行われたのかどうかは定かではありませんが、この伝説は様々な文学や芸能に取り上げられ、後に有名な「水戸黄門」の物語のモデルになったとも言われます。そうした伝説と藤原定家の歌を題材にして、室町期に能《鉢木》が創作され人気を博したわけですが、翻って考えれば時代を超えてこのような人物が現れてほしいという民衆の善政への渇望が、物語の人気の背景にあったと言えるでしょう。

金剛能楽堂

能を観るために 知っておきたい基礎知識

演劇空間としての能舞台

能楽は、寺社で仏や神に奉納する芸能が発達し、現代に伝わってきました。そのため今は建物の中に屋根付きの舞台を設えることがほとんどですが、近代以前の能楽を行う空間は屋外にあったため、その名残の屋根が組み込まれたかたちとなっています。舞台は総ヒノキ板張りで舞台の背面には松を描いた鏡板があり三間四方（一辺6m弱）の本舞台、舞台に向かって左奥側には橋掛りと呼ばれる、役者が登場したり演技をしたりする廊下のような空間があります。役者はこの清浄な限りなく無駄が削ぎ落とされた空間で、必要最小限の作り物と呼ばれるその都度制作されるシンプルな道具と小道具を使い、大がかりな舞台装置を用いないことが大きな特徴です。その空間の中で一点集中的に用いられる伝来の能面、豪華絢爛な装束は、茶室におけるお茶の名品の道具と同様、日本的な美意識が詰まっていると語られる

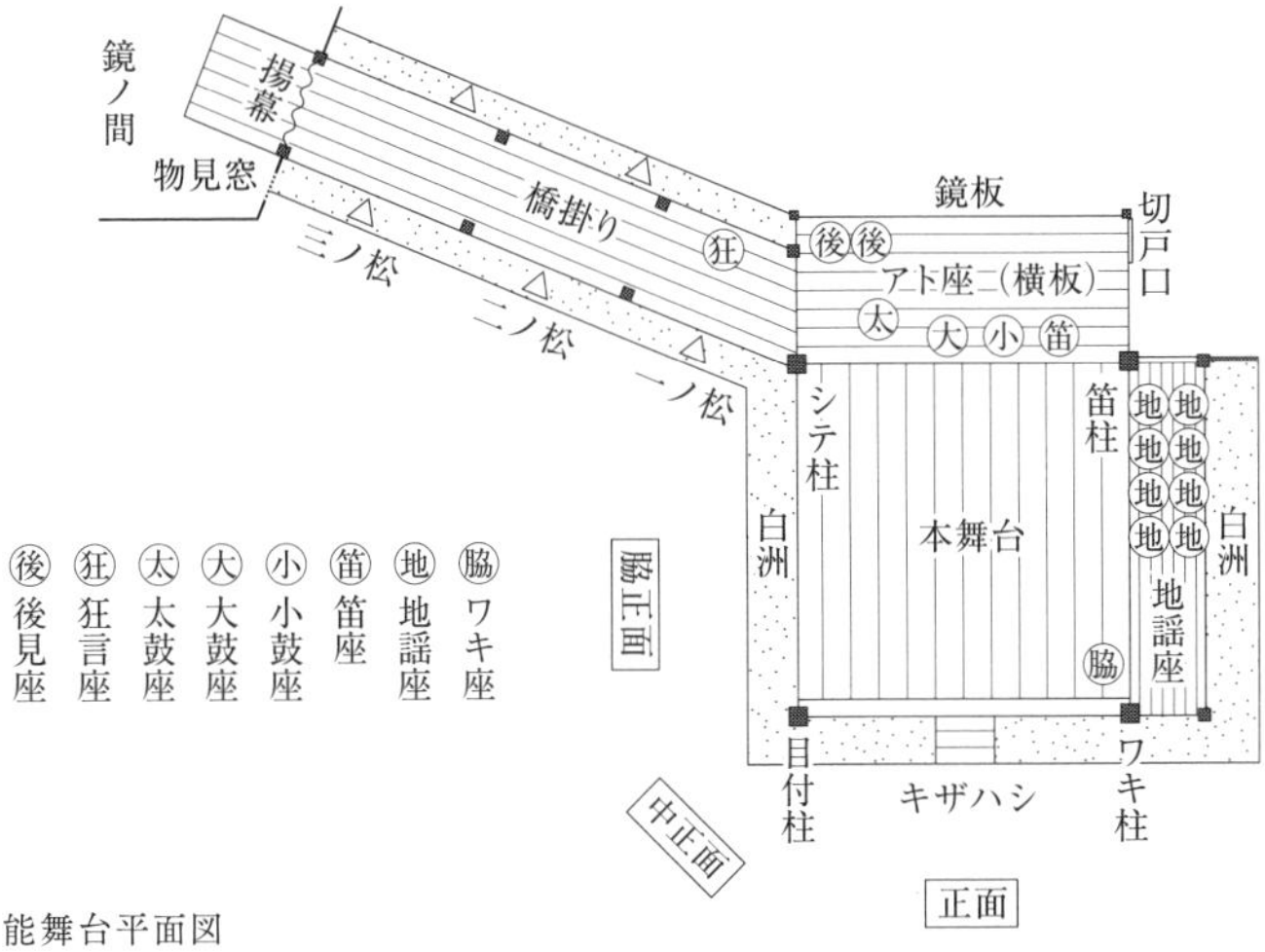

能舞台平面図

こともあります。

能は基本的に、舞台上で役者の身体、能面、能装束、謡《うたい》、囃子《はやし》によってのみ表現されます。観客はこの抽象的な演劇を、自らの想像力で補って鑑賞しなければなりません。ひるがえせば、観客がその能の世界に入り込んだ時、想像力は無限の広がりを持つといえます。目の前にその物語の風景がありありと浮かび上がるような経験が、能を見続けていらっしゃるときっとできると思います。

能の構成と登場人物

能に登場する人物のうち主人公のことを「シテ」と称し、前後の場面に分かれる演目の場合、それぞれの場面ごとに「前シテ」「後《のち》シテ」と呼び分けます。そして、対話の相手となる役柄（現実を生きる旅僧や旅人）を「ワキ」と呼びます。さらにシテに従って登場する役を「ツレ」、ワキに従って登場する役を「ワキツレ」と言います。シテ・ツレは能面を用いて様々な役柄を演じますが、ワキ・ワキツレは能面を用いず必ず生きた人間の男を演じるという決まり事があります。また、子供が演じる「子方《こかた》」という役どころがあります。子方は子どもの役（《隅田川》の梅若丸など）だけでなく貴人の大人の役（《船弁慶》の義経など）、また神霊など人外の役を演じることもあり、その役柄は多岐にわたります。さらに狂言師が担う「間狂言《あい》」という、多くは前場と後場の間をつなぎその物語の概要をわかりやすく語る役どころがあります。間狂言には《道成寺》の剛力《ごうりき》や《船弁慶》の船頭のように、能の物語で重要な役割を果たす登場人物であることも多くあります。狂言師は演目として の狂言を演じるだけでなく、能の中での間狂言も勤めます。

能には、大きくわけて現在能と夢幻能という二つのスタイルがあります。現在能は《隅田川》や《鉢木》のように現在進行形のかたちで物語が進むものです。夢幻能の典型的な構成は、前半（前場《まえば》）で旅人（ワキ）がある土地の人（シテ）と出会い、その人は過去を回想しやがて姿を消します。シテがいったん幕に入ることを中入《なかい》りと言います。後半（後場《のちば》）では前場の人物が旅人の夢の中に本来の姿で現れ、昔の出来事について舞うといったもので、ワキの旅僧などの夢の中で物語が展開することから夢幻能と呼ばれます。能にはこの夢幻能の形式をとる演目（《田村》《井筒》など）が多く、現在と過去を交差するかたちで主人公のこの世に残る想いを表現します。

能の音楽

能の音楽は、舞台の登場人物や能のコーラスを担う地謡《じうたい》が謡う謡と、笛・小鼓《こつづみ》・大鼓《おおづつみ》・太鼓《たいこ》が奏する囃子で成り立っています。謡は五線譜に書き表せない独特の発声法と節まわしで謡われ、流儀によっての違いもあります。囃子は謡の伴奏というものではなく、謡に添って併奏したり、シテが所作を演じたり舞を舞う謡のない部分での演奏も担います。能全体の演目のうちおよそ三分の二が笛・小鼓・大鼓のみで太鼓の入らない「大小物《だいしょうもの》」、太鼓の入るものが「太鼓物」と分類します。

能の季節感

日本人は古来、四季の移ろいを愛でてきました。能の演目も内容によって季節感が表現されており、春夏秋冬の四季に分類することができます。中には季節のまったく描かれていない無季の演目もあります。一三七頁でご紹介した《加茂》の能では「半ば行く空水無月の影更けて　秋程もなき御祓川」と曲中で謡われるように、季節は立秋前の盛夏です。陽春の満開の桜、仲秋の名月などが能のテーマとして描かれやすく、春・秋を描いた演目が大半の中、この能は夏の風情が美しく描かれた数少ない演目のひとつです。

春と秋は時候が良く能の演目も集中していることから、公演が多く催されます。催しが多くたいへん忙しくなることから、私たち能楽師の間では農業の「農繁期」をもじって「能繁期」という言葉を用いることがあります。一方、夏に能の公演が少ないのは夏の暑さがひとつの理由でもあります。能の上演においては厚い能装束を重ねて着るうえに、さらにその下には装束を汗で濡らさないための綿の入った胴着という下着をつけています。これだけ身につけると夏場は蒸し風呂に入っているようなもので、夏の野外能などは身体への負担が大きいものです。現代の能楽堂では冷暖房が完備されているため夏場の能公演も増えてきていますが、冷房設備のなかった旧金剛能楽堂では、見所《けんしょ》（観客席）の中央に気休めのような氷柱が立てられている中、装束を身につけてうだるような暑さで子方として舞台に座っていたことを鮮明に思い出します。今ではそれも良い思い出です。夏に能を舞わねばならないときは袴能《はかまのう》というかたちで、能面・装束を用いずに紋付袴姿で舞台を勤めることもかつては多かったようです。

型について

能でいう型というのは動作の基本の動きです。型は個別のものを数えはじめるとキリがありません。ここでは、基本的、代表的な型を紹介します。

・意味のある型「枕ノ扇」「シオリ」

型には、型自体に意味のあるものと意味のないものがあります。例えば、扇を顔の横にたてて座ると「枕ノ扇」と言って寝ている型になります。また、涙をすくいあげるように扇を扱うと「シオリ」という泣く型になります。型自体に意味がある、型を見ればはっきりと感情や主体の状態がわかる型です。

枕ノ扇

シオリ

・特定の意味のない型

一方、型を見ただけでは、その意味を理解することができない型もあります。「シカケ　ヒラキ」がその代表です。左、右と足をすすめつつ、右手を前に出して、左、右、左と下がりながら両手を横に開けて元に戻る。この動き自体が一つの型になりますが、型自体には意味がなく、謡の詞章ごとによって意味が替わる型で、言い換えれば意味を型にのせることができるのです。例えば、「花が綺麗だ」「子供を失って悲しい」など千変万化。このあたりが、能を見ている人にとっては難しくもあり、面白さでもあるわけです。動作としては右手で一点を指し示し、やがて両腕を左右に引き開きつつ指示した力を解放していくようなイメージで、謡を聞きながら見ていると、なにかの感情が表れてくることが感じられると思います。能の中で一番多用されている型であり、あらゆる場面で用いることができて汎用性があるだけに難しさもあり、結局その時々の感情を型で表現できているかと常に問われることになります。能は、動きの完成度だけを見て良し悪しが決まるわけではなく、舞姿を見て心の部分が曲に追いついてきているのかを見ているのかもしれません。また、舞の流れを繋いでいく型としてもこの「シカケ　ヒラキ」は用いられ、ほかに「マワリカエシ」や「左右」など、物語の筋とはまったく関係のない所作もあります。能は抽象的な表現をする芸能ですから、謡と身体の所作が物語の進行を必ずしも表現しているとは限らず、ただただ美しく舞っているということもあるのです。

能を観るということ

能はもちろん演劇なのですが、その鑑賞方法には「ご覧になる方それぞれで考えみてください」という前提があるのかもしれません。例えば、《半蔀《はしとみ》》や《井筒》ではクライマックスに至るまでに、序ノ舞という ゆったりした楽器の演奏で舞う場面があり、序ノ舞の型は厳密に決まっておりますが、物語の筋書き上での不可欠な意味はありません。物語で語られてきた想いが結晶して溢れ出すということもひとつの解釈としてできますが、結局、その舞に何を見出すかはお客さま次第と言うことでしょうか。意味がないと言葉で言ってしまうと味気ないのですが、意味のないことに意味を感じるというのが能を鑑賞する上での難しさであり面白さだと思います。

能の動き

能のすべての動きは、面《おもて》を扱うということと切り離せないでしょう。面は角度を変えると表情を変え、そこに能の演技のひとつの神髄があります。立ち姿である「カマエ」にしても、歩き方の「ハコビ」にしてもどうしてあんな特殊な立ち方をして、歩き方をするのかというと、面の角度を絶対に変えないために背筋に芯を入れ、重心の高さ、重心移動を一定にした摺り足をするのです。緊張感を持った立ち姿、決して面の角度を変えないハコビ、そして「面が見る」ということ。これはわたしの曾祖父 初世巌が著書『能と能面』の最初で述べていますが、「人が見るのではない。面が見るのである」ということです。自分が見るのではない、面が見てさえいれば良い。ですので、能をわれわれに舞わせてくれる優れた面は得難い存在であり、面に血が通うような技術と精神を身につけたいと能役者は精進しています。

足を運ぶということも二つにわけられ、単純な移動としての「ハコビ」、舞台上であの場所に行くために移動するという動きと、そうではなく二、三足出るだけで何百里の道のりを表現することもあります。親が子を求めて何百里を旅する、その道のりをたった二、三足で表現する。そういった表現ができる能役者がおられます。また、幕から橋掛りを歩んでくる最初の出が大事であり困難だということは常々言われることですが、恋に思い悩む女性、颯爽とした神霊、執心に引かれて現れた亡霊……。それらはみな同じ「ハコビ」で演じられますが、それぞれになにか違いがあって、そこに芸が出てくるのです。

能の演技には難しい概念や考え方もありますが、まずは実際に能の謡・舞をしてみることが一番でしょう。能は茶道や華道などと同様、お稽古事として江戸時代から確立しており、全国各地に能楽師が開設している教室があります。最初は手探りで、やがて上達してくると「できそう。でもできない」という実感を持つはずです。その経験を重ねることで能への理解が深まり、能の鑑賞にあたってそれまでにない様々な視点が生まれます。

また、能の謡の詞章を読み解くことで感じられる文学的な豊かさ、舞では普段の生活ではしない動きをしますので、身体の良いトレーニングにもなるはずです。

一歩踏み出して、舞台をご覧になられるだけでなく謡、そして仕舞《しまい》をおはじめになることで、能の愉しみの奥深さを知っていただきたいと思います。

お能に親しんでみませんか。

金剛流へのご案内

●金剛能楽堂

〒602-0912　京都市上京区烏丸通中立売上ル
TEL：075-441-7222
FAX：075-451-1008
アクセス：京都市営地下鉄「今出川」駅下車。
6番出口から南へ徒歩5分。

●金剛定期能

7月と8月を除く第二日曜に毎月1回（年間10回）、宗家をはじめ総出演で佳曲を本拠地である金剛能楽堂で開催。

問い合わせ先＝金剛能楽堂

●金剛龍謹 能の会「龍門之會」

2012年、金剛龍謹の芸の研鑽・向上のため、幅広い世代へ能楽の普及をはかるために発会。

問い合わせ先＝金剛能楽堂

新たな一歩に

能楽シテ方五流の一つである金剛流は、もとは法隆寺に近い坂戸郷を本拠とする猿楽座でした。そのため、鎌倉時代には法隆寺に控えて猿楽を奉納し、室町時代には奈良・興福寺に参勤することとなったようです。このように南都で信頼を得、戦国の世には豊臣秀次、豊臣秀吉に仕えてその庇護のもと活動を続けてきました。動乱の時代を他の大和猿楽四座《やまとさるがくよざ》とともに担い、徳川の世となってからは江戸にて喜多流を加えての四座一流の一座としての勤めを果たしてまいりました。一方、京都の禁裏でも往々にして能楽が催され、四座一流の流れを汲む手猿楽の役者たちが活動しておりました。明治時代になって江戸で武家式楽を担った坂戸金剛家が後継問題で断絶した折、金剛流を絶やすわけにはいかないと他の四流の家元の推挙により禁裏御用を勤めていた野村金剛を祖とする初世金剛巌がその後を引き継ぐことになり、現在に至っております。

これまで、家の伝承として受け継いできた事項は種々ございますが、他流に比べ金剛流の歴史を系統立てて詳細に研究した方はおられず、『喜多流の成立と展開』（1994年、平凡社刊）で研究成果を発表された表章先生が喜多流の初代・北（喜多）七大夫の事績の中で大夫であった時期があることを資料から繙かれたことで、喜多流と金剛流の接点が明らかにされ、混乱していた戦国時代江戸時代にかけての坂戸金剛家の座のあり方がつまびらかにされました。

このような歴史を重ねてきた金剛流の次代を背負っていく龍謹には、能の技や精神と共に流儀の教えや伝承もしっかり伝えていきたいと思っています。

この度、若輩者ではありますが、流儀の歴史や能の演目にじっくりと向き合い、一冊の著書にまとめる機会に恵まれたことで、流儀に対しての思いを一層強めたことと存じます。これを契機として、今後の舞台に更なる精進を重ねていってほしいと願っています。

本書で、江戸で武家式楽を勤めていた坂戸金剛家、京都で禁裏御用を勤めていた野村金剛家、この二つが融合した唯一無二の金剛流の能を皆様に知っていただき、金剛流ならではの能をお愉しみいただくきっかけとなればうれしく存じます。

令和六年九月吉日

金剛流二十六世宗家　金剛　永謹

著者略歴

金剛龍謹〔こんごう　たつのり〕

１９８８年、金剛流二十六世宗家金剛永謹の長男として京都に誕生。幼少より、父・金剛永謹、祖父・二世金剛巌に師事。京都を中心に国内外の多くの公演に出演。自身の舞台の研鑽に努めると共に、各地での金剛流門弟の指導のほか、大学での講義や部活動の指導、全国各地の小中学校での巡回公演に参加するなど、幅広い世代への普及に努める。２０１２年より自身の演能会「龍門之會」主宰。同志社大学文学部卒業。京都市立芸術大学非常勤講師。公益社団法人 能楽協会理事。公益財団法人 金剛能楽堂財団理事。京都市芸術新人賞、京都府文化賞奨励賞受賞。重要無形文化財総合認定保持者。

能楽金剛流の歴史と四季の能

２０２４年11月２日　初版発行

著　者　金剛 龍謹
発行者　伊住公一朗
発行所　株式会社淡交社
本　社　〒６０３-８５８８　京都市北区堀川通鞍馬口上ル
　　　　営業　０７５-４３２-５１５６
　　　　編集　０７５-４３２-５１６１
支　社　〒１６２-００６１　東京都新宿区市谷柳町39-1
　　　　営業　０３-５２６９-７９４１
　　　　編集　０３-５２６９-１６９１
　　　　www.tankosha.co.jp

印刷・製本　シナノ書籍印刷株式会社

ブックデザイン　瀧澤デザイン室

ISBN 978-4-473-04420-4